...UE FRANÇAISE

...L. Alexandre Faidherbe.

4me ÉDITION.

ROUBAIX

Impr.-Libr. V. Beghin, rue du Curé, 16.

1874.

PETIT COURS

DE

LANGUE FRANÇAISE

à l'usage de mes Élèves.

4me ÉDITION.

" Que ceux qui veulent plaire à Dieu en vivant bien,
ne négligent pas de lui plaire en parlant bien.....
Car nous désirons que vous soyez pieux au dedans
et doctes au dehors. " *Charlemagne.*

" Les mots pour les pensées, les pensées pour le
cœur et la vie. " *Le père Girard.*

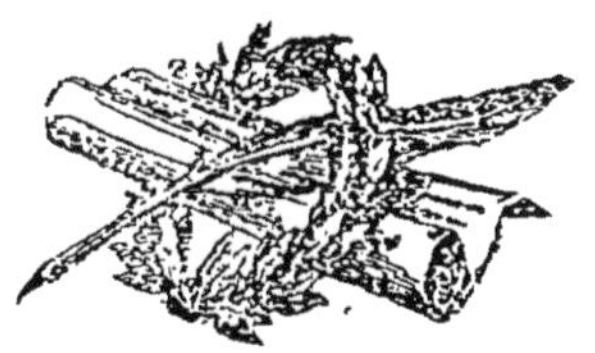

ROUBAIX

Impr.-Libr. V. BEGHIN, rue du Curé, 16.

1874.

PRÉFACE.

Les Hébreux nourrissaient leurs enfants de la lecture de Moïse et des prophètes ; et les Égyptiens, les Perses, les Grecs, les Romains, des maximes les plus sages de leurs législateurs, de leurs philosophes et de leurs poëtes ; (1) ils étaient persuadés qu'il n'y a point d'autre moyen d'imprimer fortement, dans l'âme des jeunes gens, la crainte de Dieu, l'amour de la patrie, le respect des parents, le courage dans le péril, la modération dans la prospérité, la résignation dans le malheur, toutes les qualités, toutes les vertus en un mot qui font les hommes de bien et les généreux citoyens.

Et nous-mêmes, si nous voulons consulter notre expérience personnelle, nous trouverons que telle maxime, apprise dès l'enfance, nous a fait éviter bien des fautes

____

(1) Il est d'usage aujourd'hui d'écrire *poème, poète.*

où accomplir la plupart de nos meilleures actions, enfin que c'est l'un des moyens dont Dieu se sert le plus fréquemment pour nous porter à l'accomplissement de nos devoirs. Pourquoi donc nos grammaires sont-elles si souvent remplies d'exemples vides de sens, dont le moindre défaut est d'accoutumer nos enfants à se payer de mots ?

A Dieu ne plaise que nous prétendions exclure de notre enseignement les notions les plus utiles des sciences usuelles ; mais c'est l'affaire de leçons ou de livres spéciaux.

La tendance de quelques écoles à notre époque, est de consacrer beaucoup de temps à la gymnastique, à l'écriture, au dessin, à la géographie, à l'orthographe ; un peu à l'histoire et aux mathématiques ; à la rédaction, à l'étude du catéchisme, à la culture morale, à la formation du caractère, peu ou point. C'est contre cette tendance que nous protestons ; c'est pour y échapper que nous avons renfermé dans ce livre, le plus de pensées utiles que nous avons pu. Toutefois, on n'oubliera pas qu'un livre aux mains des enfants est lettre morte, et qu'il faut que la parole du maître vivifie les pensées de l'auteur. On nous permettra donc de recommander expressément de ne laisser passer aucune maxime, que les enfants n'en aient suffisamment saisi le sens et la portée.

Il serait bon de lire de temps à autre, aux plus avancés, quelques morceaux de cette prose ou de cette poésie creuse de nos jours, de leur faire toucher du doigt les idées dangereuses, fausses, exagérées, contradictoires, trop souvent cachées sous la pompe ou l'emphase des mots, et de les mettre de la sorte en garde contre les inepties ronflantes de beaucoup de journalistes et de romanciers contemporains.

Enfin nous recommandons à ceux qui croiraient devoir employer notre livre :

1o De faire conjuguer par proposition et de vive voix dès l'entrée à l'école, mais de n'étudier d'abord que les temps simples. Ex.: *J'aime ma mère.*

2o D'habituer dès lors les enfants à nommer les objets de la classe, les parties de l'habillement, les matériaux nécessaires pour construire une maison, etc.

3o Si les devoirs intercalés dans le livre ne suffisent pas, d'en composer de semblables, autant qu'il en est besoin.

4o Nous recommandons aussi de faire analyser souvent de vive voix, par écrit rarement, de ne faire analyser que les mots qui font l'objet de la leçon, et parfois des leçons précédentes.

5o De faire, dès le début, composer verbalement, puis par écrit, de petites phrases sur un sujet connu des enfants.

6º De les habituer à distinguer les dérivés, les composés, les contraires, les homonymes, et même les synonymes, en leur faisant substituer, dans une phrase, une expression à une autre. Ex.: Le Seigneur est le Dieu des *combats*. Par quel mot peut-on remplacer *combats* ? On peut dire : le Seigneur est le Dieu des *batailles*.

7º Exiger toujours que l'enfant applique la règle sur les exemples donnés.

ALEXANDRE **FAIDHERBE.**

PETIT COURS

DE LANGUE FRANÇAISE.

CHAPITRE PREMIER.

Notions préliminaires.

1. — L'alphabet français se compose de vingt-six lettres dont six voyelles : *a, e, i, o, u, y*, et vingt consonnes : *b, c, d, f, g, h, j, k, l, m, n, p, q, r, s, t, v, w, x, z*. Le mot *voyelle* signifie *petite voix*, *petit* son. Le mot *consonne* veut dire *qui sonne avec*, parce qu'on ne peut prononcer une consonne qu'en la faisant précéder ou suivre d'une voyelle. Ex.: *ab, ba*.

2. — On appelle *syllabe* l'ensemble des lettres employées pour exprimer un son. Par exemple, quand on prononce le mot *bonté*, on fait entendre deux sons, *bon* et *té* ; si on l'écrit, les lettres *b, o, n,* qui expriment le premier son, forment une syllabe ; *t, é,* forment également une syllabe. On appelle *monosyllabes* les mots d'une seule syllabe, comme *a , un, sur; polysyllabes*, les mots de plusieurs syllabes : *bonté, prudence, habitude.* (1)

---

(1) On ne doit jamais couper une syllabe à la fin d'une ligne.

1er Exercice. — Décomposer en syllabes les mots suivants : aliments, pain, viande, beurre, fromage, lait, légumes, haricots, laitue, scorsonère, escarole, estragon, conscience, substance, attraction. fragment, écolier.

3. — Outre les lettres , on emploie, dans la langue écrite, des *signes* de *ponctuation* et des *signes orthographiques*.

Les signes de ponctuation sont : le *point* (.), les *deux-points* (:), le *point-virgule* (;), la *virgule* (,), le point d'*interrogation* (?) et le point d'*exclamation* (!). On en indiquera l'usage en temps et lieu.

Les signes orthographiques sont : l'*apostrophe* ('), la *cédille* (ç), le *tréma* (ë), les *guillemets* « a », la *parenthèse* ( ), le *tiret* —, le *trait d'union* -, les points *suspensifs* ..... et les *accents*.

4. — L'apostrophe sert à remplacer les voyelles *a, e, i, y,* qu'on supprime fréquemment devant une voyelle ou une *h* muette. (1) C'est ainsi qu'on écrit l'*âme* pour la *âme,* l'*humeur* pour la *humeur,* n'*ont* pour ne *ont,* s'*il* pour si *il,* j'*irai* pour je *y irai.*

Le remplacement d'une voyelle par une apostrophe s'appelle *élision.* (2)

La rencontre de deux voyelles s'appelle *hiatus* et produit souvent une consonnance désagréable. Ex.: Irma alla à Amiens.

---

(1) Il faut excepter le *onze,* la *ouate.*

(2) Pourquoi ne parler de l'élision qu'à l'article, comme si elle en était une propriété particulière? Ex.: grand'mère, j'en, t'ai, m'ont, s'est, c'en, qu'il, d'eux, presqu'île, etc.

5. — La cédille se place sous le *c* devant les voyelles *a, o, u,* quand on doit prononcer le *c* comme deux *s.* Ex.: *façade, leçon, gerçure.*

6. — Le *tréma* se met sur une seconde voyelle qu'on veut faire prononcer isolément. Ex.: *Saül, ciguë.* Sans tréma, on prononcerait *Sol, cigue.*

II. — Copier et mettre une cédille ou un tréma dans Caen, calecon, Moise, Israel, garcon, rincure, hameçon, Ésau, Isaie, Noel, poincon, Daniel, charancon, Gamaliel, arcon.

7. — Les *guillemets* se placent avant et après les paroles que l'on cite. Ex.: N. S. J.-C. disait à ses disciples : « Laissez venir à moi les petits enfants......., parce que le royaume de Dieu est pour ceux qui leur ressemblent » (1)

8. — La *parenthèse* renferme toute indication qui ne fait pas partie du discours. Ex.: « Vous êtes Simon, fils de Jean, désormais vous vous appellerez Céphas, (ce qui signifie Pierre).....» (2)

9. — Le *tiret* sépare les paroles de plusieurs personnes conversant ensemble. Ex : « Si vous êtes le fils de Dieu, commandez que ces pierres se changent en pain. » — Mais Jésus lui répondit : « L'homme ne vit pas seulement de pain, mais de toute parole qui sort de la bouche de Dieu. »

---

(1) Le premier des mots placés entre guillemets, commence par une lettre majeure, et le signe de ponctuation se place avant le dernier guillemet.

(2) Le signe de ponctuation se met toujours après la parenthèse.

1 *

On l'emploie aussi fréquemment aujourd'hui pour remplacer la parenthèse, ou pour séparer les maximes, les versets écrits à la suite les uns des autres.

10. — Le *trait d'union* sert à lier plusieurs mots qui n'expriment qu'une seule idée. Ex.: *arc-en-ciel, allons-nous-en, s'entre-détruire.*

Il sert encore à joindre *ci* et *très* au mot qui suit, et même au pronom personnel ou démonstratif qui le précède immédiatement : *très-bien , ci-contre, moi-même, ceux-mêmes.*

Ci et *là* se joignent également par un trait d'union au nom ou au pronom qui précède : *celui-ci, cet homme-là.*

11. — Les *points suspensifs* indiquent que l'on n'écrit pas tout ce que l'on pense. Ex.: Soyez sages, ou prenez garde que.....!

Ils indiquent aussi que l'on supprime des mots dans une citation , comme dans l'exemple du N° 8 où les points indiquent que l'on a supprimé : « Et ne les empêchez pas de m'approcher. »

12. — Il y a trois sortes d'*e: l'e* muet, l'*é* fermé et l'*è* ouvert ; et trois sortes d'*accents : l'accent aigu* (´), *l'accent grave* (`) et *l'accent circonflexe* (^).

L'*e* est *muet*, c'est-à-dire qu'il se prononce faiblement, toutes les fois que , terminant une syllabe, il n'est point surmonté d'un accent : *sagement,* je *prierai.*

L'*é* est *fermé ,* c'est-à-dire qu'il se prononce en fermant un peu la bouche, 1° quand il est surmonté d'un accent aigu, comme dans *été*; 2º à la fin des noms et des verbes terminés par *r* ou *z* : *verger, aller, allez*. (1)

L' *è* est *ouvert*, c'est-à-dire qu'il se prononce la bouche très-ouverte, 1º quand il est surmonté d'un accent grave ou circonflexe : *père prêtre*, 2º devant deux consonnes ou devant un *x* : *espérer, chercher, vexer*. (2)

L'accent *circonflexe* indique en général la suppression d'une lettre, comme dans *forêt*, qu'on écrivait autrefois forest.

Il s'emploie aussi dans *chaîne, traîner*, et leurs composés, et généralement devant *tr* : *croître, apparaître*. (3)

13. — La lettre *h* est *muette* ou *aspirée*. Ell est muette quand elle n'influe pas sur la prononciation, comme dans *l'homme, rhétorique*. Elle est *aspirée* quand elle empêche l'union de la voyelle précédente avec celle qui suit : la *haine, s'enhardir*.

III. — Indiquer si h est muette ou aspirée dans les mots suivants; hampe, harpon, rhinocéros, hippopotame, harmonie, honte, anthropophage, orthographe.

---

(1) Il est ouvert dans les monosyllabes, ver, mer, cher, fier. — Dans les noms propres : Omer, Prosper, Abner, dans enfer, hiver, éther, amer, revolver, vétyver.

(2) On ne met point d'accent grave devant le *g* ou le *j* : *collége, aimé-je*, non plus que dans *médecin, avénement, événement, pélerin, complétement, prévenir*, tandis qu'on écrit : *règle, règne, nègre, espiègle*, etc.

(3) Le remplacement d'une lettre par un accent circonflexe, se nomme *syncope*. — Cet accent s'emploie souvent, bien qu'il n'y ait pas de lettre supprimée, pour indiquer qu'un son est long. Ex : *âme, grâce*.

arithmétique, horreur, habit, herse, houe, rhume, catarrhe, hêtre, houblon, héros, héroïne, s'habiller, se déshabiller, hyène, hysope. (1)

14.—Y se prononce comme *i* dans *Guyenne* (ghienne), *Guyane* (guiane), *Bayonne, Bayard, Bayeux;* 2° au commencement et à la fin des mots : *yole, bey;* 3° dans le corps d'un mot, après une consonne : *syllabe.* — Il se prononce comme deux *i;* 1° dans *pays* et ses dérivés ; 2° dans le corps d'un mot, entre deux voyelles : *Noyon, voyez.*

15. — L'orthographe est l'art d'écrire correctement tous les mots d'une langue. Il y a l'orthographe *d'usage* et l'orthographe de *règles.*

L'orthographe d'usage consiste à écrire les mots tels que les donne un bon dictionnaire.

L'orthographe de règles consiste à donner aux mots les signes du genre, du nombre et de la personne, comme l'enseigne la *grammaire.*

Mais la grammaire n'enseigne pas seulement l'accord des mots entre eux ; elle enseigne aussi la construction des propositions et des phrases. C'est pourquoi l'on dit que la *grammaire* est l'art de parler et d'écrire correctement sa langue.

16. — Il y a, dans la langue française, dix espèces de mots, qu'on nomme les dix parties du discours. Ce sont : le *nom* ou *substantif, l'adjectif, l'article, le*

____

(1) L' *h* est toujours muette devant un *y.* Ex : *l'hyène, l'hypothèse.*

pronom, le *verbe*, et le *participe*, qu'on appelle *mots variables*, parce qu'en général, leur orthographe change au féminin et au pluriel ; et *l'adverbe*, la *préposition*, la *conjonction* et *l'interjection*, qu'on nomme mots invariables, parce que leur orthographe ne change jamais. (1)

CHAPITRE II.

Du Nom ou Substantif.

17. — On appelle *êtres* tout ce qui existe, les personnes, les animaux et les choses. Il y a deux sortes d'êtres; les êtres *sensibles* ou *physiques*, que l'on connaît par les sens, comme le *soleil*, le *tonnerre*, les *parfums* ; et les êtres *intellectuels* ou *métaphysiques*, que l'on connaît sans le secours des sens, comme *l'âme*, la *science*, la *bonté*.

IV. — Dire si les noms suivants désignent des êtres physiques ou métaphysiques : Tête, esprit, cerveau, âme, sourcil, douleur, œil, pied, talon, conscience, cheveu, courage, tempes, mensonge, bruit, lumière, odeur, jarret, sottise, religion, inhumation.

(1) Par exemple si j'écris des *enfants*, le dictionnaire m'apprend que je dois employer les lettres e, n, f, a, n, t, et la grammaire que je dois y ajouter une s parce que *enfants* est du pluriel. Il n'est donc pas moins important, pour apprendre l'orthographe, de feuilleter le dictionnaire que d'étudier la grammaire.

Il y a des noms physiques qui dérivent des noms métaphysiques, comme *prêtrise* qui vient de *prêtre*.

V. — Dire de quels noms viennent : royauté, paternité,
humanité, papauté, épiscopat, diaconat, magistrature,
notariat, géographie, architecture, sculpture, peinture,
bienfaisance, ministère, apostolat.

18. — On appelle *nom* ou *substantif,* tout mot qui
sert à nommer un être, comme la *sagesse, Paris,*
l'enfant.

On distingue deux sortes de noms ; le nom *commun*
et le nom *propre.*

19. — Le nom commun est celui qui nomme tous les
êtres de même espèce ; le nom propre est celui qui
n'en nomme qu'un ou quelques uns. Si je dis par exemple : Jules est un *garçon* sage, on voit bien que tous
les écoliers sont des *garçons,* mais tous ne s'appellent
pas *Jules.* Donc *Jules* est un nom propre et *garçon* un
nom commun. (1)

VI. — Dites si les noms suivants sont communs ou
propres et pourquoi : Avesnes, âme, Adam, air, autel,
Bergues, bêche, babeurre, Bernard, Catherine, chœur,
Cambrai, science, coke, Douai, dîner, Dunkerque,
damnation, Dieu, Escaut, enfer, Étienne, école, Félix,
foi, faisan, Gand, gaîté, gale, hameau, hoyau, île,
Ildefonse, Julie, Hazebrouck, jacinthe, Lille, Lys, loi,
lait, Mathieu, matou, mois, main, nain, Noël, Nicolas,
ortie, olive, Pâques, pays, pomme, Paris, quittance,
queue, râteau, Roubaix, régal, Scarpe, Sambre, toison,
Tourcoing, veau, Valenciennes.

(1) Tout nom propre commence par une lettre majeure.
Indiquer sur la carte les villes, fleuves,&a., cités dans les devoirs.

20. — Tous les animaux sont divisés en deux grandes classes, les *mâles* et les *femelles*. Tout nom de mâle est dit du genre *masculin,* et tout nom de femelle, du genre *féminin.*

Dans la langue française, on considère aussi les autres noms, comme étant du genre masculin ou du genre féminin. Un nom est du masculin quand on peut le faire précéder des mots *le, un, ce,* comme *le garçon, ce chapeau.* Un nom est au contraire du féminin, quand on peut le faire précéder des mots *la, une, cette, ma, ta, sa,* comme *la fenêtre, ma plume, cette œuvre.* (1)

Les noms de baptême, de famille, de pays, de ville, de montagne, de fleuve, de peuple, de secte, etc., sont propres, ainsi que les noms des sacrements, des mystères, des vertus théologales et des péchés capitaux. Mais on dit au figuré : Le *baptême du feu,* le *baptême de la Ligne.*

Les noms des saisons, des mois et des jours, les mots *soleil, lune,* etc., quoique propres de leur nature, sont généralement considérés comme noms communs, à cause de leur fréquent usage. On considère comme nom propre , tout mot qui désigne un être spécial à la commune , au pays. C'est ainsi qu'on écrit : le *Conseil municipal,* Monsieur le *Maire ;* tandis qu'on écrirait : le *maire* de Lyon, le *curé* du village. L'*État* pour le pays, est propre ; de même *Église,* dans l'Église catholique. On écrit sans trait d'union : *Saint Louis* aimait les pauvres et avec un trait d'union : l'église *Saint-Louis.*

(1) Les noms de peuple, de ville, de montagne, sont généralement du féminin, quand ils finissent par une syllabe muette (*e* ou *es*) et du masculin dans le cas contraire. Ainsi : *La France, la Seine, les Pyrénées,* sont du féminin; *le Danemark, le Jura, le Rhin,* sont du masculin.

Le *Rhône,* le *Tage,* le *Danube,* le *Tigre,* le *Gange,* le *Zambèze,* le *Tibre, la Tvved,* font exception, ainsi que bien d'autres noms de fleuve en a : *la Duna, la Néva.*

VII. — Dire si les noms des exercices précédents sont masculins ou féminins et pourquoi.

VIII. — Dire et écrire le féminin des noms suivants : Abbé, âne, acteur, ambassadeur, baron, borgne, bouc[1][2], bélier, bœuf, berger, canard, cheval, (étalon), chat[3][4][5][6], chien, cochon, chameau, compagnon, comte, cousin, chanoine, coq, cerf, chevreuil, dindon, diacre, drôle[7][8][9], devin, daim, duc, empereur, garçon, gendre, gouverneur, faisan, frère, filleul, homme, héros, hôte, instituteur, inspecteur, inventeur, jais, lapin, larron, lièvre[10][11], lion, loup, lévrier, léopard, maître, monsieur, mulet[12][13][14], neveu, nègre, ogre, oncle, ours, pauvre, prêtre, perroquet, pécheur, parrain, paon, père, prophète, rat[15][16], roi, sanglier, serin, serviteur, suisse, singe, tigre[17], taureau.

IX. — Dire et écrire les noms des petits de tous les animaux dont le nom est surmonté d'un *numéro*, ainsi que des noms suivants : Perdrix, pigeon, souris, colombe, aigle, mouton, caille.

X. — Comment appelle-t-on les habitants de : l'Europe, l'Asie, l'Afrique, l'Amérique, l'Océanie. — La France, l'Angleterre, l'Écosse, l'Irlande, l'Espagne, le Portugal, l'Allemagne, la Hollande, le Danemark, la Suède, la Norwège, la Pologne, la Russie, la Suisse, la Belgique, l'Italie, la Turquie, la Grèce. — La Flandre, le Hainaut, le Brabant, l'Artois, la Picardie, la Champagne, le Maine, l'Anjou, la Bretagne, le Berry, le Poitou, l'Auvergne, le Béarn, la Provence, la Touraine, la Bourgogne, le Dauphiné, la Lorraine, l'Alsace, la Savoie, la Corse?

XI. — Ceux qui habitent Lille, Dunkerque, Douai, Cambrai, Valenciennes, Avesnes, St-Amand, Arras, Boulogne, St-Omer, Roubaix, Tourcoing, Paris, Alger, Toulouse, Nancy, le Hâvre, Metz, Bordeaux, Londres, Madrid, Naples, Venise, Florence, Palerme ?

XII. — Nommer, puis écrire : 1o Les rues de la commune; 2o ses hameaux ; 3o les communes du canton; 4o les cantons de l'arrondissement ; 5o les arrondissements du département.

XIII. — 1o Dix noms de baptême ; 2o dix noms de famille ; 3o les noms de parenté ; 4o les noms de dignité (maire, évêque, général, etc.) et de domesticité.

XIV. — Les principales parties du corps, d'une maison, les vêtements d'homme, de femme, le mobilier de la classe, d'une habitation, y compris la batterie de cuisine.

XV. — Les instruments aratoires, les céréales, les plantes oléagineuses, textiles, fourragères, saccharines

XVI. — Les légumes du pays; les fleurs du jardin.

XVII. — Les animaux du pays, domestiques ou sauvages, et les oiseaux également du pays, domestiques, chanteurs ou de proie.

XVIII. — Les poissons d'eau douce (du pays), et les poissons de mer servant à la nourriture de l'homme.

XIX. — Les grands animaux féroces, les oiseaux de proie, les cétacés.

XX — Les arbres fruitiers et autres du pays, les terres, les pierres.

XXI. — Les métiers exercés dans la commune.

XXII. — Les matériaux nécessaires pour construire une maison.

XXIII. — Les ouvriers qui travaillent le bois, le fer, la terre.

XXIV. — Ceux qui préparent nos aliments, nos boissons, nos vêtements. Nommer les aliments et les boissons.

21. — Les noms sont aussi du *singulier* ou du *pluriel*. (1) Un nom est du singulier quand il ne désigne qu'un seul être, comme *la sœur ;* il est du pluriel quand il désigne plusieurs êtres, comme *les grammaires*.

XXV. — Dire si les noms suivants sont du singulier ou du pluriel et pourquoi.

La chaussure, des bas, une jarretière, deux chaussettes, ces chaussons, la botte, mes bottines, mon soulier, sa pantoufle, une babouche, des socques, un sabot, des brodequins, deux savates, une galoche, six sandales, tes escarpins, un patin, ses guêtres.

Formation du pluriel.

22. — Tout nom pluriel doit se terminer par une *s*. Ex.: Un *homme,* des *hommes*.

EXCEPTIONS.

23. — Tout nom terminé au singulier par *s, x, z,* s'écrit de même au pluriel. Ex.: le *puits*, les *puits ;* la *noix,* les *noix ;* le *nez,* les *nez*.

24. — Tout nom terminé au singulier par *au* (2) ou

------

(1) *Singulier* veut dire *seul ; pluriel* veut dire *plusieurs*.
(2) *Landau* fait au pluriel *landaus*.

par *eu*, prend un *x* au pluriel. Ex.: la *peau*, les *peaux* ;
le *jeu*, les *jeux*.

25. — Tous les noms terminés au singulier par *ou*
prennent une *s* au pluriel, excepté : bijou, caillou, chou,
genou, hibou, joujou et pou qui prennent un *x*. (1)

.Ex.: mes bijou*x*, disait Cornélie, ce sont mes enfants.

XXVI. — Mettre au pluriel. — Aliments : le pain,
un chanteau, ce croûton, la mie, la viande, l'aloyau, le
gigot, le jambonneau, un saucisson, cette andouillette,
le riz, le maïs, le sucre, un boudin. — Légumes : le
chou, le poireau, le pois, le haricot, la carotte, un radis,
le persil, un épinard, du cresson, ce panais, l'escarole,
le cerfeuil, l'oseille, une laitue, cette fève, la lentille,
la pomme de terre, le topinambour, la truffe, la chico-
rée, le céleri, l'échalotte, (2) l'estragon, un cornichon,
une asperge, un melon.

26. — Tout nom terminé au singulier en *al*, change
au pluriel *al* en *aux*. Ex.: le *mal*, les *maux*. — Cependant les mots *aval, bal, cal, cantal, carnaval, chacal,
copal, festival, mistral, nopal, narval, orignal,* (3) *pal,
régal, sandal, serval,* prennent une *s* au pluriel. (4)
Ex.: Les *chacals* abondent en Algérie.

27. — Sur vingt-cinq mots terminés par *ail*, les suivants font leur pluriel en *aux : bail, corail, émail, sou-*

---

(1) Chateaubriand écrit : des cariboux, mais d'autres au-
teurs mettent une *s*.
(2) Ou échalote.
(3) Chateaubriand écrit : des *orignaux*.
(4) *Étaux* a deux singuliers : *étal* et *étau*. — *Gent* fait au
pluriel *gens*, et *gentilhomme* fait *gentilshommes*. — *Bétail* n'a
pas de pluriel, au moins dans le même sens. On se sert de
bestiaux. — *Pal* fait *paux* ou *pals*.

pirail, vantail, ventail et *vitrail.* — *Ail* fait *aulx* désignant un légume ; s'il s'agit de fleurs, il fait *ails.* — *Travail* fait *travaux* dans le sens de fatigue, labeur, œuvre ; il fait *travails* pour désigner : 1º les rapports écrits adressés aux préfets, aux ministres ; et 2º les machines où l'on ferre les chevaux.

Tous les autres noms en *ail* prennent une *s* au pluriel : *attirail, bercail, camail, caravansérail, détail, épouvantail, éventail, gouvernail, mail, poitrail, portail, rail, sérail, tail, tramail.*

Œil fait *œils* dans *œil de bœuf, œil de perdrix* et autres analogues ; partout ailleurs il fait *yeux. Aïeul* fait *aïeux* pour désigner les ancêtres ; il fait *aïeuls* pour désigner les grands-pères. Ex.: « Qui sert bien son pays n'a pas besoin d'*aïeux.* » — *Ciel* fait *ciels* pour désigner la partie supérieure d'un lit, d'un tableau, d'une carrière ; partout ailleurs il fait *cieux.* Ex.: Que la terre est petite à qui la voit des *cieux !*

XXVII. — Mettre au pluriel les noms suivants et en indiquer le genre. Pourceau, pou, putois, belette, fouine, souris, rat, puce, punaise, fourmi, blaireau, mulot, chacal, cheval, surmulot, renardeau, veau, vache, taureau, bœuf, étalon, jument, poulain, essieu, roue, raie, jante, moyeu, palonnier, faux, marteau, pieu, rateau, charrue, chariot, fléau, van, seau, tonneau, riz, maïs, blé, froment, épeautre, seigle, orge, scourgeon, (1) avoine, millet.

XXVIII. — Narval, canal, noix, brou, joyau, feu, hibou, orignal, épieu, détail, bail, bal, aloyau, festival,

______

(1) Ou *escourgeon.*

prix, régal, vœu, perdreau , étal , étau, fou, carnaval,
sérail, émail , neveu, piédestal , caïeu, chou, clou, pal,
général, poitrail, vitrail, œil de pigeon , ciel , bercail,
adieu, tréteau, pieu, cerceau, soupirail , aïeul, travail,
sou, genou, verrou , camail , écrou, cheveu, bras, trou,
caillou, ventail, sarrau. jeu, cal, noyau, joujou, landau, cou.

OBSERVATIONS.

28. — Les mots terminés au pluriel en *aux* et dont
le singulier est en *al* ou en *ail*, ne prennent point d'*é*
devant l'*a*. On écrira donc : les *chevaux* et non les
cheveaux ; mais les mots dont le singulier est en *au*,
prennent un *e* devant l'*a* quand les dérivés en ont un.
Ainsi l'on écrit : *chapeau* avec un *e* parce qu'on dit
chapelier. (1)

29. — Quand on prête à un animal. à une plante, à
une pierre, des sentiments, des paroles, des actions qui
ne conviennent qu'aux personnes , ces êtres sont dits
personnifiés. Ex.: Le *Chêne* un jour dit au *Roseau*.
Tout nom personnifié commence par une lettre majeure.
— De même tout nom employé comme titre d'une fable,
d'un chapitre, prend une lettre majeure chaque fois
qu'on le repète dans le corps de la fable, du chapitre.

Des Compléments.

30. — *Complément* signifie *achèvement*. Si je dis la
plume est perdue, on ne sait de quelle plume je parle.

(1) On écrit sans *e* devant l'*a* : affûtiau , aloyau, bacaliau,
boyau, cornuau, étau, fabliau, fléau, gluau, gruau, hoyau,
huyau, joyau, landau, noyau, pilau, sarrau, tuyau, unau, ainsi
que les mots : chaux, faux, matériaux, taux, à vau l'eau.

Mais que je dise : la plume de *Jules* est perdue, on voit tout de suite de quelle plume il est question. Les mots de *Jules* que j'ai ajoutés, forment le complément de *plume*.

On trouve le complément d'un nom en faisant après ce nom, les questions *à qui, de qui, par qui, avec qui, à quoi*, etc. Le mot qui répond à la question est le complément du nom avec lequel la question est faite.

XXIX. — Indiquer les compléments et la formation du pluriel : Le mufle du léopard, la corne du rhinocéros, la trompe de l'éléphant, le groin du cochon, la hure et le boutoir du sanglier, la bouche du cheval, le bec de l'oiseau, l'éperon du narval, le cou de la girafe, la serre de l'aigle.

XXX. — Les fils d'Adam, l'aiguillon de l'abeille, l'œil du lynx, le crime de Caïn, la ruine de Sodome, le courage de Judith, la force de Samson. Les sept merveilles du monde étaient : Le temple de Jérusalem, les pyramides d'Égypte, le temple de Diane, le colosse de Rhodes, la statue de Jupiter, les jardins de Babylone et le tombeau de Mausole.

XXXI. — Le jabot du pigeon, le poitrail du cheval, la corne du taureau, le bois du cerf, la crinière du lion, la queue du paon, les branchies du poisson, les fanons de la baleine, les dents du crocodile, l'œil du hibou, la carapace de la tortue, les deux bosses du chameau, les étoffes de Roubaix, de Tourcoing, du Cateau, les filatures de Fourmies, les huiles de Lille et les toiles d'Armentières.

XXXII. — Les houilles d'Anzin, les sucres de

Douai et de Valenciennes, les eaux de Saint-Amand, les fromages de Maroilles , les beurres de Flandre, les verres d'Aniche, les choux de Sin, les asperges de Marchiennes.

XXXIII. — Les batailles de Cassel (1071-1328-1677), de Douai (1151) (1), de Bouvines (1214), de Mons-en-Pévèle (1304), d'Honneçourt (1642), de Vinci (717), de Wattignies (1793), d'Hondschoote (1794), de Tourcoing (1794), de Gravelines (1558), des Dunes (1658). Les sept siéges de Lille, les déroutes des Gueux à Seclin, à Vred, à Lannoy et à Wattrelos (1567). Le courage de Jean Bart, la mort de Carloman. (2)

XXXIV. — L'insecte aux ailes d'or. La soupe aux choux. Une montre en or. Il est français par le cœur. Achille aux pieds légers. Le vainqueur de Bouvines. La victime du Calvaire. L'astre du jour, le flambeau des nuits, le roi des animaux, le tyran des airs, le vaisseau du désert.

CHAPITRE III.

De l'Adjectif.

L'Adjectif est un mot qui fait connaître les choses ou les personnes dont on parle. en nommant leurs qualités ; Ex : Dieu bénit les enfants *sages*. *Sages* est adjectif parce qu'il dit comment sont les enfants.

---

(1) Gagnée par les Flamands sur les Hainuyers (1151).
(2) A Baisieux en 884.

32. — On reconnaît qu'un mot est adjectif quand on peut y joindre les mots *personne* ou *chose*.

XXXV. — Indiquer les adjectifs et dire pourquoi ils le sont.

La laine blanche, la soie grége, le coton léger, le fin lin, le drap bleu, le velours noir, la chaude flanelle, le raisin vermeil, la fraise parfumée, les poires savoureuses, des pêches veloutées, la myrtile bleuâtre, les groseilles rouges.

33. — L'adjectif n'a par lui-même ni genre ni nombre, mais il emprunte le genre et le nombre du nom qu'il qualifie. Ex : Un enfant aimable (m. s.), une personne aimable (f. s.) ; des enfants aimables (m. pl.) des personnes aimables (f. pl.).

XXXVI. — (Reprendre le devoir précédent et dire le genre et le nombre de chaque adjectif.

Formation du pluriel.

34. — On forme le pluriel des adjectifs, comme celui des noms. Ex : Un homme *sage*, des hommes *sages*, un *beau* chapeau, de *beaux* chapeaux, le radis *gris*, les radis *gris*, le total *égal*, les totaux *égaux*.

Il faut toutefois remarquer : 1º que *mou, fou, bleu, feu, hébreu* (1) prennent une *s* au pluriel ; 2º que tous les autres adjectifs terminés par les sons *ou* et *eu* ont un *x* au singulier ; 3º que beaucoup d'adjectifs en *al* prennent une *s* au pluriel : tels sont *glacials, fatals, navals, finals* et autres que l'usage fera connaître.

______

(1) Employé comme adjectif.

XXXVII. — Mettre au pluriel : Le front ovale, le nez aquilin, le bras long, un gros dos, une main mignonne, le menton rond, le cheveu roux, le taureau blanc, le bouc capricieux, un enfant mou, un fou furieux un beau chapeau bleu.

Formation du féminin.

35. — On forme le féminin d'un adjectif en ajoutant un *e* muet à la fin. Ex : Un garçon poli, une fille polie.

EXCEPTIONS.

36. — Tout adjectif terminé au masculin par un *e* muet ne change pas au féminin. Ex : Un écolier modeste une écolière modeste. (1)

Tout adjectif terminé au masculin par *f* change *f* en *ve* au féminin. Ex : Un homme *neuf*, une femme *veuve*. Tout adjectif terminé au masculin par *x* change *x* en *se* au féminin. Ex : Un sentiment *pieux*, une pensée *pieuse*. Cependant *doux*, *faux*, *préfix*, *roux* et *vieux*, font au féminin *douce*, *fausse*, *préfixe*, *rousse*, et *vieille*.

XXXVIII. — Mettre au féminin, puis au pluriel.

Le soleil brillant, radieux, immense. (la lune...). Le taureau roux, furieux, indomptable. (la vache...). Le lion agile, courageux, sauvage, (la lionne...). Un père laborieux, actif, sobre, économe, (une mère...). Un caractère doux, faux, rétif, heureux, (une nature...).

37. — Tout adjectif terminé au masculin par *eil*, *el*, *en*, *et*, *on*, double la consonne finale et prend un *e* muet au féminin. Ex : *Cet ancien* habit était *bon*, *coquet*,

---

(1) Traître fait *traîtresse*.

sans *pareil*. Cette ancienne robe était bonne, coquette, sans parei*lle*. Il en est de même des adjectifs : *Bas, bellot, exprès, fol, gentil, gras, gros, las, mol, nul, pâlot, paysan, profès, sot, vieillot*, tandis que *complet, concret, discret, inquiet, replet, secret*, prennent au féminin un *e* muet et un accent grave sur l'é qui précède le *t* : L'homme *indiscret* est méprisé, la femme *indiscrète* se couvre de honte. La pensée *inquiète* de l'avenir renverse le sens.

38. — Tout adjectif terminé au masculin par *er* prend un *e* muet au féminin et un accent grave sur l'*é* qui précède l'*r*. Ex : L'homme *léger* est le fléau de sa famille, la femme *légère* en est l'opprobre.

39. — Tout adjectif terminé par *eur* et dérivant directement d'un mot en *ant*, change *eur* en *euse* au féminin. Ainsi *menteur*, qui vient de *mentant*, fait *menteuse*.

Il faut excepter : *débit*eur qui fait *débiteuse* (de contes) et *débitrice* (qui a des dettes); *exécuteur (rice)*; *inventeur (rice)*; *inspecteur (rice)*; *persécuteur (rice)*; *enchanteur (eresse)*; *chasseur (eresse)*; *bailleur (1) (eresse)*; *pécheur (eresse)*; *destructeur (rice)* etc.

40. — Tout adjectif terminé au masculin en *teur*, qui ne vient pas directement d'un mot en *ant*, change *teur* en *trice* au féminin. Ex : Dieu est un puissant *protecteur*. Marie est une puissante *protectrice*.

41. — Les adjectifs suivants font leur féminin irré-

---

(1) Qui prête de l'argent.

gulièrement : Absous *(te)*, blanc *(che)*, benin *(gne)*, caduc *(que)*, coi *(te)*, devin *(eresse)*, dissous *(te)*, favori *(te)*, franc *(che)*, frais *(îche)*, (1) grec *(que)*, **jumeau** *(jumelle)*, long *(gue)*, malin *(gne)*, oblong *(gue)*, public *(que)*, sec *(èche)*, résous *(te)*, (2) tiers *(ce)*, turc *(que)*.

42. — *Aigu, ambigu, bégu, contigu, exigu*, prennent au féminin un *e* surmonté d'un tréma. Ex.: L'honnête homme n'use pas de paroles ambiguës,

43. — Les adjectifs *capot, châtain, fat, grognon, dispos, témoin*, ne s'emploient pas au feminin, non plus que les mots qui expriment des professions généralement exercées par des hommes, tels sont : *poëte, peintre, auteur, orateur, professeur*. On dira donc : Rosa Bonheur est *un bon peintre* de fleurs.... Les femmes (3) poëtes les plus célèbres furent Sapho et Corinne.

44. — Les adjectifs *beau, nouveau, fou, mou, vieux*, font encore *bel, nouvel, fol, mol, vieil* (4) devant une voyelle ou une *h* muette. Ex.: On est assez beau quand on a l'âme belle. Un *bel* homme ne doit pas être **un** homme vain.

45 — Les noms en *é* qui ont leur féminin en *esse*, ne changent pas quand ils sont employés comme adjectifs : Un *nègre*, une *négresse*, la race *nègre*.

---

(1) Remarquer l'accent circonflexe.
(2) D'après Bescherelle ; l'Académie n'admet pas le féminin.
(3) Pour désigner le féminin, on joint le mot *femme* à l'adjectif.
(4) Entre deux adjectifs, on dit *vieux* : Un roi *vieux* et insensé vaut moins qu'un pauvre paysan qui sert bien Dieu.

XXXIX. — Dire le genre et le nombre des adjectifs, la formation du féminin et du pluriel.

On estime les chevaux arabes, anglais, normands, boulonnais, limousins, pyrénéens, bretons, syriens, turcs. La race percheronne pure a le pelage gris pommelé, le front un peu étroit, la tête allongée, le chanfrein droit, un peu busqué vers le bout du nez, les naseaux ouverts et mobiles, les lèvres épaisses, la bouche grande, l'oreille un peu longue, bien dressée, l'œil vif et ardent, l'encolure forte et arrondie, le poitrail large, l'épaule longue et oblique, la poitrine profonde; les hanches saillantes, les membres fortement articulés, solides, longs ; les boulets à poil ras.

XL.—Les meilleures vaches laitières sont les vaches normandes (1) à la peau souple et moelleuse, aux grosses mamelles : les vaches flamandes, maroillaises, boulonnaises, artésiennes, picardes, charolaises, (2) bretonnes, hollandaises ; les vaches anglaises d'Ayr. — La race la plus propre à l'engraissement est la race anglaise de Durham, dont les traits essentiels sont : tête petite, conique, large du front, joues prononcées se rétrécissant en saillies graisseuses sous le menton; oreilles minces, larges, dressées, peu garnies de poils; cornes courtes et peu pointues; corps volumineux, croupe large, charnue et grosse; garrot épais, prolongé; encolure légère, dépourvue de fanons; jambes courtes, fines,

---

(1) Donnant de 20 à 25 litres de lait par jour, 28 à 30 grammes de beurre par litre.

(2) Ou charollaises.

délicates; peau molle; pelage fin, luisant, peu fourni, blanc, rouge ou mêlé; caractère calme et doux.

46. — La plupart des adjectifs dérivent des noms. Ainsi, *doux* vient de *douceur*.

XLI. — Quels sont les adjectifs correspondant aux noms suivants? Bonté, lumière, charité, sagesse, force, mollesse, vieillesse, adolescence, folie, gentillesse, vanité, brièveté, soin, ennui, nœud, vœu, joie, cherté, douleur, père, Dieu, rivière, enfer, crime, étude.

XLII. — Quels sont les noms correspondant aux adjectifs suivants, (Indiquer la formation du féminin)? Savant, généreux, humble, humain, malin, bénin, caduc, public, ardent, odorant, savoureux, pieux, franc, sot, bas, famélique, nerveux, tronqué, pédestre, maniable, écervelé, stomachique, coloré, vocal, nasal.

XLIII. — Indiquer les contraires des adjectifs suivants : bon, beau, blanc, brave, chaud, chéri, dur, doux, éveillé, frais, franc, faux, fier, fourbe, gai, heureux, ignorant, lent, long, mauvais, méchant, nécessaire, nonchalant, oisif, paresseux, poltron, riche, raisonnable, sale, sot, traître, vif.

47.—Tout adjectif qui se rapporte à plusieurs noms, se met au pluriel, et prend le genre masculin, à moins que les noms ne soient tous du féminin. Ex.: Le roi et le berger sont *égaux* devant Dieu. — Mon père et ma mère sont *vieux*. — La France et la Prusse seront longtemps *ennemies*.

XLIV. — Faire accorder les adjectifs suivants : le lin, le chanvre, le coton et la jute, filé... et tissé... à

Roubaix, sont des substances végétal...; la soie, la laine, l'alpaga et le poil de chèvre, amené .. du dehors, sont des produits anima..... La houille, le fer et l'eau réuni... opèrent des merveilles. (Comment ?)

48. — L'adjectif comme le nom, peut avoir un complément. Ex.: Qui se croit propre *à tout* n'est souvent propre *à rien*. Propre à quoi ? *à tout*. Donc *à tout* est le complément indirect de *propre*.

XLV. — Mêmes questions sur l'exemple suivant : Le sage est prudent en paroles, sobre d'éloges, ménager du temps, avide de vertus, attentif à tous ses devoirs, sévère pour lui-même, indulgent pour les autres, respectueux envers ses supérieurs, charitable pour les pauvres et juste pour tous.

49. — L'adjectif devient nom toutes les fois que le nom est ellipsé, c'est-à-dire sous-entendu. Ex.: Le *sage* ne se fie point aux apparences. *Sage* est nom parce que le mot *homme* est sous-entendu.

De même le nom peut devenir adjectif. Ex : Le peuple *français* est le plus spirituel de la terre. Notez que le nom propre qui devient adjectif, perd la majuscule.

XLVI. — Expliquez les exemples suivants : Un adroit voleur, une pie voleuse ; un voyageur hollandais, un Hollandais voyageur ; un savant astronome, un illustre savant ; un pauvre honteux, une pauvre cabane ; un méprisable menteur, un récit menteur.

Quelle différence y a-t-il entre : 1º un grand homme et un homme grand ; 2º un brave homme et un homme brave ; 3º un honnête homme et un homme honnête ;

4º un pauvre homme et un homme pauvre ; 5º un bon homme et un homme bon ?

RÉCAPITULATION.

XLVII. — Mettre au feminin, puis au pluriel. Indiquer la formation du féminin, dans les adjectifs; celle du pluriel dans les adjectifs et les noms.

Le bon vieux fermier possède un porc gros et gras, un veau roux et chetif, un méchant taureau noir, un lapin blanc à l'œil rouge, un âne têtu, un mulet rétif. un cheval gris, bancal, efflanqué, un chien hargneux et glouton, un chat voleur, hypocrite, un gentil épagneul, un orgueilleux dindon, un oison bien sot, un paon bien vain, un canard bien dodu et un pigeon bleu, sans oublier un fidèle serviteur, un intelligent berger et un charmant petit garçon, gai, jovial, studieux, obéissant et poli.

XLVIII. — Joindre à chaque adjectif le nom convenable, puis mettre le devoir au pluriel ; rappeler la formation du feminin.

Annuel, châtain. bleu, faux, discret, amer, mou, vocal, trivial, banal. mignon, coquet, frais, sec, aigu, turc. long, communal, malin, vermeil, spirituel, chrétien, français. corporel. fier, trompeur, voleur, séducteur, triomphal, filial, pauvre, naval, fou, feu, premier, contigu, beau, vieux, exigu. createur, actif, peureux, poltron, suisse.

XLIX. — Joindre aux noms suivants un adjectif convenable, mettre au pluriel :

La noix, le dahlia, le souci, l'œillet, le muguet, le coquelicot, le bluet, le tableau, l'encre, la vitre, l'eau, l'eponge, la craie, la plume, le porte-plume, le crayon. la gomme, le canif. la règle, la vue. l'ouïe, l'odorat, le goût. le toucher.

CHAPITRE IV.

De l'Article.

Le mot *article* signifie *partie, membre*. En grammaire on appelle articles certains mots qui accompagnent les noms, les déterminent et en font généralement connaître le genre et le nombre.

L'article est toujours du même genre et du même nombre que le mot qu'il accompagne.

51. — Les articles se divisent en :

	M. S.		F. S.	PL. DES 2 G.
1º Articles *simples* :	le	l'	la	les
2º — *contractés* :	au, du		»	aux, des
3º — *possessifs* ,	mon		ma	mes
indiquant à qui appar-	ton		ta	tes
tient la personne ou la	son		sa	ses
chose dont on parle.		notre		nos
		votre		vos
		leur		leurs

4º Articles *démonstratifs*,	ce, cet	cette	ces

montrant la personne ou
la chose dont on parle, ou
en rappelant le souvenir.

5° Articles *indéfinis* ne déterminant pas toujours le nom d'une manière précise.	M. ET F. SING.	M. ET F. PL.
	autre	autres
	chaque	(pas de pl.)
	même	mêmes
	quelconque	quelconques
	quelque	quelques
	(pas de sing.)	plusieurs

M. S.	F. S.	M. PL.	F. PL.
aucun	aucune	(pl. rare)	(pl. rare)
nul	nulle	id.	id.
tout	toute	tous	toutes
tel	telle	tels	telles
maint	mainte	maints	maintes
certain	certaine	certains	certaines
quel	quelle	quels	quelles
un	une	des	

6° Noms de *nombre* ou articles numéraux *cardinaux :* un, deux, trois, vingt, cent, mille, milliard, etc.

7° Articles *d'ordre* ou numéraux *ordinaux :* premier, deuxième, vingtième, dernier.

1. — Indiquer l'espèce, le genre, le nombre des articles : Les fruits, cet abricot, l'ananas, une pomme, ces calvilles, cette poire, les pépins, ta cerise, deux cornes, les groseilles, des mûres, nos framboises, quelques fraises, les myrtilles, chaque pêche, plusieurs prunes, dix nèfles, certains marrons, nulle châtaigne, aucune noix, le brou, les écales, un zeste, tous leurs cerneaux, ces mêmes noisettes, les autres raisins, telles amandes, quels bigarreaux, d'autres guignes, la deux-

ième mérise, cette orange, dix coings, vingt dattes, aux citrons, nos grenades, deux brugnons, le melon, la première pastèque, quelques cornouilles.

Répéter cet exercice sur quelques pages du livre de lecture.

Règles euphoniques.

52. — L'euphonie (qui signifie beau son) veut qu'on adoucisse certains sons trop rudes, comme *pigeon*, tu *lanças*, au lieu de *pigon*, tu *lancas*, et qu'on donne à d'autres plus de vivacité, comme *aima-t-on*, au lieu de *aima-on*, *c'en*, au lieu de *ce en*.

Les signes de l'euphonie sont : *L'apostrophe*, la *cédille*, les lettres *e* (plongeon), *l*, (*l'*on), *s*, (dessous), *t*, (va-*t*-il). La réduplication des consonnes *l*, *n*, *t*, et l'emploi de l'accent grave dans *discrète*, *mènes* et autres se rattachent aussi à l'euphonie.

53. — Toutes les fois que *le*, *la* et les pronoms, *je me*, *te*, *se*, *ce*, *que* et l'adverbe *ne* sont suivis d'une voyelle ou d'une *h* muette, l'euphonie veut qu'on remplace *e*, *a*, par une apostrophe et qu'on dise : *l'*homme et non *le* homme, *l'*amitié et non *la* amitié, *j'*aime et non *je* aime

. LI. — Trouver le signe euphonique dans les expressions suivantes : c'en, le plongeon, une chrétienne, tu rappelles, l'on, aime-t-on, fies-y-toi, donnes-en, grand' rue, quelqu'un, presqu'île, s'entr'aider, il m'aperçoit, tu répètes, il jette, au-dessous, desservir.

Indiquer, en lisant, les lettres remplacées par les apostrophes que l'on rencontre.

54. — L'euphonie veut aussi qu'on emploie *cet,* au lieu de *ce* et *mon, ton, son,* au lieu de *ma, ta, sa,* devant une voyelle ou une *h* muette. On dira donc : *cet* enfant, *cet* habit, *mon* âme, *ton* épée, *son* humeur, et non, *ce* enfant, *ce* habit, *ma* âme, *ta* épée, *sa* humeur.

55. — L'euphonie veut encore qu'on dise *au* pour *à le, aux* pour *à les, du* pour *de le* et *des* pour *de les.* Ex : Je vais *aux* champs, et non *à les* champs.

Cette réunion de deux mots en un seul s'appelle *contraction.* Nous en avons d'autres exemples dans *chacun* pour *chaque un, rappel,* pour *ré appel.*

56. — *Ses, ces.* On emploie *ses* pour marquer la possession de l'objet dont on parle. Ex : C'est un grand avantage de ne pas être le maître de *ses* actions. On dirait à la première personne, de *mes* actions. Dans les autres cas on emploie *ces* Ex : *Ces* mauvais livres vous gâteront le cœur. On dirait au singulier : *Ce* mauvais livre.

57. — *Se, ce.* On ne met *se* que devant un verbe pronominal. Ex :

Qui veut parler de tout, souvent parle au hasard;
Il *se* croit orateur et n'est que babillard.

Ailleurs on met *ce.* Ex : *Ce* n'est pas obéir, qu'obéir lentement.

58. — *De* pour *du, des, de la* On emploie *de* devant un adjectif et après un verbe négatif. On dira donc : Je n'ai pas *de* pommes, j'ai *de* belles pommes, *de* bon pain, *de* bonne viande.

59. — *Nul* (1) signifiant sans valeur, *certain* mis pour

____

(1) *Nul* est article devant le nom, adjectif après le nom, et pronom quand le nom est sous-entendu.

sûr, *tel* pour semblable, *autre* pour différent, ne sont pas articles mais adjectifs : *Telle* vie, *telle* mort.

60. — L'*e* de quelque ne s'élide que devant *un*, *autre*.

61. — *Quel* suivi de que, d'un nom ou d'un adjectif, est article et s'écrit sans apostrophe. Ex.:

Quels que soient les humains, il faut vivre avec eux;

Un mortel difficile est toujours malheureux.

Suivi d'un verbe, *quel* s'écrit sans apostrophe quand on peut le remplacer par *qui* ou *que*. Ex : Quels sont ceux qui réussiront, sinon ceux qui savent obéir?

LII. — Copier et choisir l'article convenable.

On [*se, ce*] trompe souvent quand on [*se, ce*] fie à [*ses, ces*] propres lumières. [*Se, ce*] monde-ci est une gêne perpétuelle, et qui ne sait [*se, ce*] ennuyer, ne sait rien. (1) Heureux [*ce, ceux*] qui sont nés modestes !

[*Ce, se*] qui fait paraître les hommes petits, [*ce, se*] est la vanité. (2) Si nous n'avions point [*de, des*] défauts nous ne prendrions pas tant [*de, du*] plaisir à en remarquer dans les autres. (3) [*de, des*] livres sont à l'âme [*ce, se*] que la nourriture est au corps. (4) Dieu [*se, ce*] plaît à donner, mais il veut qu'on le prie. (5) Le paresseux languit dans [*ses, ces*] honteux loisirs. (6) Sans un peu [*de, du*] travail, on n'a point [*de, du*] plaisir. (7) Il n'est [*de, des*] vrais plaisirs, qu'avec [*de, des*] vrais amis. (8) Qui borne [*ses, ces*] désirs est toujours assez riche. (9) Si mourir pour sa patrie est digne d'envie, quand on meurt pour son Dieu [*quelle, qu'elle*] sera la mort ? (10)

---

(1) J. de Maistre. — (2) Vauvenargues. — (3) La Rochefoucauld.
(4) St-Évremond.— (5) L. Racine.— (6) Le Franc de Pompignan.
(7) Florian. — (8) Voltaire. — (9) Delille. — (10) Corneille.

LIII. — Indiquer les articles, leur genre, leur nombre, avec les observations qu'ils comportent. Ton assiette, de belles cuillers, (1) ce plat se brisera, mon armoire, je n'ai pas de fourchette, une telle salière, quelle poivrière, ce cuisinier bosse ses marmites, certain couvercle, quelqu'un a taché cette nappe et ces serviettes, ton élégante saucière, nulle carafe, quel huilier, sa théière, son antique passoire, mon excellente mère aime ses vieilles casseroles, cet ancien seau, nul tamis, j'ai des brocs, ce compte est nul, le fait est certain.

CHAPITRE V.

Du Pronom.

63. — Le pronom (pour nom) est en général un mot qui remplace un nom et les articles, adjectifs et compléments qui le déterminent. Ex : Dieu donna sa loi, au peuple hébreu, sur le mont Sinaï. *Il* — *la lui* donna, sur le mont Sinaï.

Où l'on voit que *il* remplace *Dieu*, que *la* remplace *sa loi*, et que *lui* remplace *au peuple hébreu*.

Il, la, lui, sont donc des pronoms.

(1) Ou cuillères.

Le pronom prend le genre, le nombre et la personne du mot qu'il remplace : ainsi *il* remplaçant *Dieu* est du masculin et du singulier ; *la* remplaçant *loi* est du féminin et du singulier.

64. — On distingue cinq sortes de pronoms, savoir : les pronoms *personnels*, les pronoms *possessifs*, les pronoms *démonstratifs*, les pronoms *conjonctifs* ou *relatifs* et les pronoms *indéfinis*.

65. — Les pronoms *personnels* sont ainsi nommés, parce qu'ils indiquent si la personne qu'ils désignent parle elle-même, si on lui parle ou si l'on parle d'elle.

Ces pronoms sont :

	SINGULIER.	PLURIEL.
Pour la personne qui parle ou 1re pers.	*je, me, moi,*	*nous,*
» » à qui l'on parle ou 2e pers.	*tu, te, toi,*	*vous,*
» » de qui l'on parle ou 3e pers.	*il, elle,*	*ils, elles,*
	lui,	*leur,*
	l', le, la,	*les,*
	soi,	*eux.*

Des deux nombres *se, en, y.* (1)

66. — Tout article qui n'est pas suivi d'un nom devient pronom. *L', le, la, les, leur* deviennent pronoms personnels. *Leur*, pronom, ne prend jamais d'*s*. Il ne faut donc pas écrire : je *leurs* ai dit la vérité.

LIV — Remplacer les noms par les pronoms conve-

---

(1) *S'il* est mis pour *si, il*, et non pour *se, il*.

nables : le renard glapit, le serpent et le loriot sifflent,
la tourterelle et le ramier gémissent, le corbeau
croasse, la grenouille coasse, la pie jase, l'ours grom-
melle, le cochon grogne, le cerf brame, le coq chante,
le moineau pépie.

Remplacer les pronoms par des noms convenables.
Il parle, il brait, ils aboient, ils miaulent, elles glous-
sent, il piaule, il hennit, elle bêle, il hurle, ils étudient,
il mugit, il rugit, ils piaulent.

LV. — Remplacer les noms par des pronoms : Jean
respecte son père. Les merles becquettent (1) les cerises.
Les chenilles dévorent les fruits. Les oiseaux mangent
les chenilles. L'enfant doit protéger les oiseaux. Je tue
les hannetons. La taupe détruit les vers blancs.

LVI. — Analyser les pronoms suivants, (genre, nombre, mots qu'ils remplacent). — Un enfant sage prie
Dieu, il l'aime, il en reçoit l'intelligence et la santé, il
lui rapporte toutes ses actions. — La bonne mère ne
pense point à soi, elle se prive de tout pour ses enfants,
elle leur consacre ses jours et ses nuits, elle prie pour
eux, afin qu'ils aient la sagesse et la santé. Le père
aussi les aime, il travaille pour lui, sans doute, mais
surtout pour eux, pour leur procurer le pain qui les
nonrrit et le vêtement qui les couvre. Enfants, aimez
donc toujours Dieu, votre père et votre mère.

67. — Les pronoms *possessifs* sont ainsi nommés
parce qu'ils remplacent un nom et un article possessif.
Ex. *ce livre est le mien*, veut dire que *ce livre est mon
livre. Le mien* remplace donc *mon livre.*

---

(1) Ou *béquettent.*

Les pronoms possessifs sont :

MASC. SING.	FÉM. SING	MASC. PL.	FÉM. PL.
le mien	la mienne	les miens	les miennes
le tien	la tienne	les tiens	les tiennes
le sien	la sienne	les siens	les siennes
le nôtre	la nôtre	les nôtres	
le vôtre	la vôtre	les vôtres	
le leur	la leur	les leurs	

Remarquez qu'on met un accent circonflexe sur l'*o* des pronoms possessifs, *le nôtre, la nôtre, les nôtres ; le vôtre, la vôtre, les vôtres,* et qu'on n'en met pas sur les articles *notre, votre.*

68. — Les pronoms *démonstratifs* sont ainsi nommés parce qu'ils remplacent généralement un nom et un article démonstratif. Ex.: La plume que j'ai perdue ne valait pas *celle-ci,* c'est-à-dire *cette plume-ci.*

Les pronoms démonstratifs sont :

MASC. SING.	FÉM. SING.	MASC. PL.	FÉM. PL.
celui	celle	ceux	celles
celui-ci	celle-ci	ceux-ci	celles-ci
celui-là	celle-là	ceux-là	celles-là

Singulier çe, ceci, cela. 1.

69.— *Celui-là, celle-là, ceux-là, celles-là,* s'emploient souvent au commencement d'une phrase pour un mot sous-entendu. Ex.: *Celui-là* vit heureux qui sait vivre ignoré. 2.

---

1. Remarquez que *cela* ne prend ni trait d'union ni accent grave. — 2. A. F.

70. — *Ce* est article démonstratif devant un nom, et pronom démonstratif dans tous les autres cas. Ex.: Votre patrie, *c*'est le ciel; quand vous regardez le ciel, est-*ce* qu'en vous il ne se remue rien ? est-*ce* que nul désir ne vous presse ? ou *ce* désir est-il muet ?

71. — *Ce, ceux. Ce* peut se remplacer par *chose.* Ex.: Habituez-vous à manger tout *ce* qu'on vous donne; c'est-à-dire *toute chose. Ceux* peut se remplacer par un nom pluriel. Ex.: Dieu récompensera tous *ceux* qui le servent : c'est-à-dire *tous les hommes.*

LVII. — Mettre les pronoms convenables : La mollesse ôte à l'homme tout *(ce, se, ceux)* qui peut faire les qualités éclatantes. (1) Les paresseux ne font jamais que des gens médiocres en quelque genre que *(ce, se, ceux)* puisse être. (2) L'auteur d'un bienfait est *(ce, celui)* qui en recueille le fruit le plus doux. (3) Il n'est point de route plus sûre pour aller au bonheur que *(celui, celle)* de la vertu. (4) De combien de douceurs n'est pas privé *(ce, celui)* à qui la religion manque ! (5) Que *(celui, ce)* qui t'instruit, te soit un second père. (6) Défiez-vous de deux traîtres : l'ennui et l'impatience ! (7) *celle-ci* gâte tout par la précipitation, *celui-là* par le découragement. (8) *(Ce, celui)* qui épargne la verge hait son fils, mais *(celui, ce)* qui l'aime s'applique à le corriger. (9) *(Ce, celui)* qui marche avec les sages deviendra sage ; l'ami des insensés leur ressemblera. (10)

____

(1) Fénelon.— (2) Voltaire.— (3) Duclos.— (4) J.-J. Rousseau. — (5) Id.— (6) Voltaire. — (7) Fénelon. (8) *Celui-ci* se rapporte à l'objet le plus proche, *celui-là* au plus éloigné. (9) Proverbe XIII. 24. — (10) Id. XIII. 20.

72. — Le pronom *conjonctif* est ainsi nommé parce qu'il joint entre elles les propositions. Par exemple, voici deux propositions : *J'obéis à Dieu, Dieu le commande.* Si je veux les réunir, je dirai : *j'obéis à Dieu qui le commande.*

Qui est *pronom* parce qu'il remplace Dieu, et il est conjonctif, parce qu'il unit les deux propositions.

Les pronoms conjonctifs sont :

Au masc. s.: *lequel, auquel, duquel.*

Au fém. s.: *laquelle, à laquelle, de laquelle.*

Au masc. pl.: *lesquels, auxquels, desquels.*

Au fém. pl.: *lesquelles, auxquelles, desquelles.*

Des deux genres et des deux nombres : *qui, que, quoi, dont, où.*

73. — On appelle *antécédent* le mot que remplace le pronom conjonctif.

Remarquez que les pronoms conjonctifs, formés de *quel* et d'un article simple ou composé, varient dans leurs deux parties, comme si elles étaient séparées.

LVIII. — Antécédent, genre et nombre des pronoms conjonctifs, relever aussi les autres pronoms.

Dieu fit bien ce qu'il fit, et je n'en sais pas plus. (1) — C'est toujours le plus sot qui ne doute de rien. (2) — Dans tout ce que tu fais, hâte-toi lentement. (3) — A qui veut se venger, trop souvent il en coûte. (4) — L'esprit qu'on veut avoir gâte celui qu'on a. (5) — es malheurs les plus grands sont ceux que l'on mérite. (6) — Le

---

(1) La Fontaine. — (2) F. De Neufchâteau. — (3) Regnard. (4) Andrieux. — (5) Gresset. — (6) Lemierre.

malheureux qui prie est déjà consolé. (1) — Le bonheur le plus doux est celui qu'on partage. (2)

74. — Les pronoms *indéfinis* sont ainsi nommés parce qu'ils remplacent le nom d'un être inconnu. Ex.: *On* frappe à la porte. *On* remplace le nom de la personne qui frappe, c'est donc un pronom : mais cette personne je ne la connais pas, donc *on* est un pronom indéfini.

Les pronoms indéfinis sont :

MASC. SING.	FÉM. SING.	MASC. PL.	FÉM. PL.
chacun	*chacune*	»	»
l'un	*l'une*	*les uns*	*les unes*
quelqu'un	*quelqu'une*	*quelques-uns*	*quelques-unes*
l'autre		*les autres.*	

Quiconque, autrui, rien, personne, tout le monde, qui que ce soit, quoi que ce soit, sont toujours du masculin et du singulier. Ex :*Personne* n'est prophète dans son pays. (Évangile) — *Quiconque* est loin du monde est aussi loin des pleurs. (3)

75. — On considère encore, comme pronoms indéfinis, les articles indéfinis *aucun, autre, nul, plusieurs, tel, tout, un, le même, tous deux,* l'expression *le seul,* les articles d'ordre et les noms de nombre quand le nom est ellipsé. Ex.: Notre-Seigneur baissa la tête et dit : « *Tout* est consommé. »—Thomas, l'*un* des *douze,* appelé Didyme, était absent. — *Tel* brille au second rang qui s'éclipse au premier. (4)

(1) Millevoye. — (2) Delille.— (3) A. F. —(4) J. Racine.

76. — Les pronoms indéfinis peuvent aussi avoir des compléments. Ex.: Charlemagne est l'*un* des plus grands princes qui aient régné sur la France. L'*un* de qui ? *Des plus grands princes.* — Donc *princes* est le complément de l'*un*.

LX — Indiquer le mot remplacé, l'espèce, le genre et le nombre de *chaque pronom.*

Celui qui aime l'or ne sera point innocent, et ceux qui recherchent la corruption en seront remplis. — L'or en a fait tomber plusieurs, il est un sujet de chute pour ceux qui lui sacrifient leur cœur. — Les veilles, auxquelles se livrent les hommes pour amasser du bien et s'élever aux honneurs, dessèchent leur chair, et l'application qu'ils y donnent leur ôte le sommeil. — Je crains Dieu et celui qui ne le craint pas. — Aimez-vous les uns les autres. Aimez ceux qui vous haïssent, et faites du bien à ceux qui vous persécutent. — Ne faites pas à autrui ce que vous ne voudriez pas qu'on vous fît à vous-mêmes. — Chacun a ses défauts : vous avez les vôtres, et j'ai les miens ; soyons donc indulgents les uns pour les autres, mais aidons-nous les uns les autres à nous en corriger ; travaillons-y avec ardeur dès maintenant, car on ne se corrige bien que quand on est jeune. — On ferait plutôt, dit Jérémie, changer de couleur à un nègre ou perdre à un léopard les taches de sa peau, que de ramener au bien celui qu'on aurait perverti dès sa jeunesse.

LXI.— L'humble et le superbe se trahissent par leurs discours : celui-ci se loue sans cesse, celui-là ne parle jamais de lui. — Un sot et un ignorant qui ne disent mot ne se distinguent point d'un savant qui ne parle pas. — Que dites-vous de vous-même, demandait à un sage quelqu'un des siens ? Rien, répondit-il, En effet, quand on est sage, on ne parle pas de soi. — Quiconque s'élève sera abaissé. — Nabuchodonosor se fait adorer, il devient fou. — Dieu n'abdique point, son bras ne s'est point raccourci ; il nous en donnera bientôt la preuve dans l'humiliation de ceux qui nous ont dévorés.

LXII. — La nature, disait Gœthe, créa les Allemands voleurs, et l'instruction, telle qu'on la leur donne, les rend méchants. Est-ce une boutade, comme le prétendent nos ennemis, est-ce la vérité ? L'histoire prouve contre eux et quiconque l'a lue n'en peut douter. Quelqu'un ignore-t-il que les Germains allaient chaque année piller les peuples étrangers ou les tribus voisines ? Ne les vit-on pas ravager vingt fois les Gaules et en brûler les villes ? La cruauté et la rapacité des Lansquenets n'épouvantaient-elles pas, quoi qu'on en dise, leurs alliés les moins scrupuleux ? Et la Prusse possède-t-elle beaucoup de terres dont elle puisse justifier la possession ? Il semble toujours vrai qu'à Berlin, on respecte un moulin, mais qu'on vole une province. La Prusse s'est fondée par la spoliation des biens ecclésiastiques, elle s'est approprié la Silésie ; et qui lui a donné la Pologne ? Est-ce que le Sleswig, le Holstein, le Lauenbourg, Nassau, Francfort, le Hanovre et la Hesse se sont jetés dans ses bras paternels ? Mais le bien mal acquis ne profite jamais à ceux qui le détiennent, et Dieu abhorre les nations injustes et cruelles auxquelles il arrache l'empire pour le faire passer à d'autres plus équitables. Donc, Français, soyons justes, et bientôt nous vaincrons.

LXIII. — Enfants, il faut que chacun de vous élève ses pensées et fortifie ses bras, que tous craignent Dieu et bravent le canon : votre vie appartient à la France, tenez-vous prêts à la lui sacrifier, quand elle vous la demandera. Honte à ceux qui jouent au lieu de s'instruire, à ceux qui dansent et se réjouissent sur les ruines fumantes de la patrie, sur la tombe à peine fermée d'un père, d'un frère, d'un ami, d'un Français, tués par les obus des Prussiens !

———

Plusieurs préfèrent ceux qui promettent à ceux qui donnent : ne les imitez pas. — Nous révélons souvent les défauts des autres et nous ne voulons pas qu'on révèle les nôtres. — Tout le monde se dit ami, mais bien fou qui s'y fie ; car si rien n'est plus commun que le nom, rien n'est plus rare que la chose — Nul n'est ami véritable, s'il n'est vertueux. — Quiconque vous excite à faire le mal, ou vous loue quand vous avez mal fait, est un traître ; ne vous y fiez pas, éloignez-vous-en, fuyez-le même comme la peste. — Tel paraît riche, qui n'a rien ; et tel paraît pauvre, qui est fort riche.

LIX. — Indiquer les pronoms, (espèce, genre, nombre, mot remplacé).

Heureux ou malheureux, l'homme a besoin d'autrui :
Il ne vit qu'à moitié, s'il ne vit que pour lui. 1
C'est n'être bon à rien de n'être bon qu'à soi. 2

———

1. Delille. — 2. Voltaire.

Tel pleure aujourd'hui qui sourira demain. 1.
Même lorsqu'il peut tout, c'est au crime à trembler. 2.
Quiconque est soupçonneux invite à le trahir. 3.
Tout doit, dans notre cœur, ceder à l'équité. 4.
Le mal qu'on dit d'autrui ne produit que du mal. 5.
C'est un méchant métier que celui de médire. 6.
Près des méchants on se gâte sans peine. 7.
Qui préteud savoir tout prouve qu'il ne sait rien. 8.
A ta faible raison, garde-toi de te rendre :
Dieu t'a fait pour l'aimer et non pour le comprendre. 9.
Nul ne peut être heureux s'il ne jouit de sa propre
                          [estime. 10.

Je ne sais, disait Henri IV, comment on peut se dis-
penser d'honnêteté et de proprete, quand il ne faut
qu'un verre d'eau pour être propre, un coup de chapeau
pour être honnête. — On perd tout le temps qu'on peut
mieux employer. 11. — On agit contre la nature toutes
les fois que l'on combat contre sa patrie. 12. — Il n'y
a nul droit contre Dieu, sa patrie et sa mère. — Nul
n'est content de sa fortune ni mécontent de son esprit. 13.
— Rien n'est si noble, si délicat, si grand, si héroïque
que le cœur d'un vrai chretien. 14. — L'ennui est une
maladie dont le travail est le remède 15. — Un vrai
chrétien doit être un homme aimable entre tous. 16.

---

1. A. Chénier. — 2. Lemierre — 3. Voltaire. — 4. Crébillon.
5. Boileau. — 6 Idem. — 7. Voltaire. — 8. Bailly. — 9. Voltaire.
10. J.-J. Rousseau — 11. Idem. — 12. Fénelon. — 13. Mᵐᵉ Des-
houlières. — 14. Fénelon. — 15. Lévis. — 16. De Ravignan.

CHAPITRE VI.

Du Verbe.

77. — Juger un accusé, c'est le déclarer innocent ou coupable. De même nous jugeons qu'une chose est juste, utile, opportune, qu'une personne est sage, instruite, honnête, en un mot nous jugeons toute chose. Quand nous disons : *Cette* pomme *se gâte,* nous énonçons un jugement, et l'ensemble des mots que nous avons employés forme une proposition. *Une proposition est donc l'énonciation d'un jugement.*

Une ou plusieurs propositions ayant un sens complet forment une *phrase.* Toute phrase commence par une majuscule et se termine par un point. (1)

Il y a dans une phrase autant de propositions que de verbes. Mais, quoiqu'en réalité il y ait des propositions infinitives, il est d'usage de ne pas compter les verbes à l'infinitif, au participe présent et au participe passé comme formant des propositions.

---

(1) Les noms et les pronoms ne pouvant être sujets, compléments ou attributs (A) que dans les propositions dont ils font partie, il nous paraît nécessaire d'exercer beaucoup les enfants à distinguer les diverses propositions d'une phrase. Les exercices ci-dessus supposent que l'étude du verbe a commencé en même temps que celle du nom, et que l'élève est déjà familiarisé avec la conjugaison.

(A) Hors le cas où la proposition a une autre proposition pour complément direct : C'est la sagesse *que* Salomon veut qu'on *enseigne* aux enfants. *Que* comp. direct de *enseigne.*

LIV. — Phrases d'une seule proposition.

Dieu est tout-puissant. Adam et Ève furent placés dans le paradis terrestre. Caïn tua son frère Abel. Tous les hommes se corrompirent. Ils furent châtiés par le déluge. Noé et ses enfants furent sauvés. Les **paresseux** ont toujours envie de faire quelque chose. (1) La prière est la clef du Ciel.

78. — Phrases à 2 propositions.

Et, ou, ni, mais peuvent unir les sujets, les compléments ou les attributs d'une même proposition; mais toute autre conjonction, comme tout pronom conjonctif, commence toujours une proposition qu'on appelle *subordonnée, incidente, complétive, déterminative,* ou *explicative.* Les autres propositions sont dites *principales.*

LXV. — La main relâchée produit l'indigence, mais la main des forts acquiert les richesses. (2) J'ai été jeune et maintenant je suis vieux, et je n'ai jamais vu le juste abandonné, ni sa postérité demandant son pain. (3). Héli réprimanda ses fils, mais ils ne l'écoutèrent point. Vous savez ce qui leur arriva. Alexandre vainquit le monde, mais il fut vaincu par ses passions. Ses généraux égorgèrent sa famille ou du moins ils la dépouillèrent. Ni la victoire n'enfla le cœur d'Epaminondas, ni l'or ne le corrompit. Les soldats romains savaient obéir, comme leurs généraux savaient commander. Ce sont les lois

____

(1) Vauvenargues.
(2) Parabole de Salomon, ch. 1, 4. (3) Psaumes.

de Lycurgue qui firent la grandeur de Sparte. Les premiers chrétiens mettaient en commun tous les biens qu'ils possédaient. Il n'y avait parmi eux ni paresseux, ni ivrogne qui vécussent du travail d'autrui. Le bœuf même connaît la main qui le nourrit. Je connais deux moyens certains de devenir pauvre: c'est de travailler le dimanche et de prendre le bien d'autrui. (Le curé d'Ars). (1)

79. — La conjonction est parfois sous-entendue. Ex.: Ménagez le temps : c'est l'étoffe dont la vie est faite, *(car* c'est l'étoffe).

Ne plaisantez jamais ni de Dieu ni des saints :
Laissez ce vil plaisir aux jeunes libertins. (2)

La balle siffle, le vent souffle, le tonnerre gronde, la mer mugit (*et* sous-entendu).

LXVI. — Unir par une conjonction les propositions suivantes. Ex.: Faites votre devoir, je le veux ; c'est-à-dire, je veux *que* vous fassiez votre devoir.

Vous obéirez à vos parents, Dieu le veut. — Ne maudissez pas votre fils, il serait maudit de Dieu. (Deux manières). La violette me plaît, aucune fleur ne me plaît davantage, (mettre *plus*) (deux manières). — Écoute le rossignol, il chante si bien !

Achevez les propositions suivantes :

1. Le castor se bâtit des habitations comme....
2. Les oies reviennent de Sibérie quand.....
3. Les hirondelles nous arrivent dès que.....

---

(1) Multiplier les exemples au tableau noir, les faire composer par les élèves sur un sujet donné. — (2) Fénelon.

4. Elles se construisent des nids où.....

5. Elles nous ont quittés parce que.....

6. Le soleil a mûri les blés que.....

7. Nous devons aimer ceux dont.....

8. Nous aimons ceux à qui.....

9. N.-S. fut mis à mort par ceux auxquels ....

80. — Propositions elliptiques.

Quelquefois la proposition est incomplète. (1) David ne haït point Saül ni ne s'en vengea. — C'est-à-dire, ni *il* ne s'en vengea.

LXVII. — Rétablir les mots sous-entendus.

Judas Machabée combattit, comme un lion, les ennemis de sa patrie. — Mieux vaut mourir libre que vivre en servage. — Bayard était brave autant que généreux. — La vie, comme la mort de Jésus, prouve sa divinité. — Aimez-vous les uns les autres. Travaillez à l'envi les uns des autres. — Le Seigneur châtie celui qu'il aime, et il se complaît en lui comme un père dans son fils. (2) — Qu'êtes-vous? Rien. — D'où venez-vous? Du néant. — Où allez-vous? A Dieu. — Qu'est-ce que Dieu?

Propositions implicites.

81. — Quand une proposition est renfermée dans un seul mot, elle est dite *implicite*. Ex.: Sait-on qui écrivit l'Imitation? *Non*. C'est-à-dire, *on ne le sait pas. Non* est donc une proposition *implicite*.

LXVIII. — Décomposer en propositions la fable :

---

(1) On appelle *ellipse*, un ou plusieurs mots sous-entendus.
(2) Prov. ch. III, 12.

La Grenouille qui veut se faire aussi grosse que le Bœuf.

82. — Souvent les mots d'une même proposition sont séparés entre eux par d'autres propositions. Ex.: Celui qui donne aux pauvres, prête à Dieu. 1re proposition : Celui, prête à Dieu; 2me, qui donne aux pauvres.

Dans les phrases semblables, soulignez d'abord toutes les propositions *complétives*, c'est-à-dire celles qui commencent par un pronom conjonctif ou par une conjonction autre que *et, ou, ni, mais.* Les mots non soulignés, quelle que soit leur place, appartiennent à une même proposition. (1)

LXVIII bis.— Celui qui hait son prochain est homicide. — Celui qui dérobe à son père et à sa mère et qui dit que ce n'est pas un péché, parce qu'il ne prend que ce qui doit lui revenir un jour, participe aux crimes des homicides, et montre par là qu'il ne serait pas fâché de les voir mourir. — Qui veut élever son fils, sans le secours de la religion, ressemble à celui qui voudrait maîtriser un cheval fougueux avec un fil d'araignée. — Le bonheur des méchants, comme un torrent s'écoule. (2) — L'honnête homme qui va à la messe est plus honnête homme que celui qui n'y va pas ; mais le fripon qui y va est aussi plus fripon que celui qui n'y va pas. (3)

83.— Inversions Dans une proposition, l'ordre grammatical exige qu'on énonce d'abord le sujet et ses compléments, puis le verbe et ses compléments. Ex.: Aucun chemin de fleurs ne conduit à la gloire. (4)

____

(1) Les mots restants pourraient cependant former plusieurs propositions ; mais elles seraient faciles à reconnaître.
2. Racine. — 3. J. de Maistre. — 4. La Fontaine.

Tout déplacement d'une des parties principales de la proposition (sujet, attribut ou complément) constitue une inversion. Ex.: A vaincre sans péril, on triomphe sans gloire. (1) L'ordre grammatical exigerait : on triomphe sans gloire, à vaincre sans péril.

Les inversions sont fréquentes surtout en poésie, et il est indispensable de les signaler aux élèves, si l'on veut leur donner l'intelligence de la pensée et leur faciliter l'application des règles de la grammaire.

LXIX. — A qui venge son père, il n'est rien d'impossible.— (1) C'est pour laisser reposer les justes que Dien accorde le sommeil aux méchants. (2) —.Quoi qu'en disent les sots, le savoir a son prix. (3)

A la religion soyez toujours fidèle :

On ne sera jamais honnête homme sans elle. (4)

Quels que soient nos bienfaits, sachons les oublier.(5) Je souhaite, disait Charlemagne aux enfants des écoles, que vous parliez bien, mais surtout que vous viviez bien.— Au bonheur du prochain, ne portez pas envie. (6)

On doit des malheureux respecter la misère. (7)— Près des méchants, on se gâte sans peine. (8)— Chacun, à son métier, doit toujours s'attacher. (9)— Pour les cœurs corrompus, l'amitié n'est point faite. (10)

(Reprendre les numéros LX à LXIII, et décomposer en propositions).

---

1. P. Corneille.

2. C'est *certain* que Dieu accorde... — 3. Le savoir a son prix *malgré* quoi (*ce*) qu'en disent les sots. — 4. Fénelon. — 5. Sachons les (nos bienfaits) oublier, *bien* que nos bienfaits soient (*grands*). — 6. Fénelon. — 7. Crébillon. — 8. Voltaire. — 9. Idem. — 10. Idem.

84. — On distingue dans une proposition : le *verbe*, le *sujet*, le complément *direct*, le complément *indirect*, les compléments de *temps*, de *lieu*, de *manière*, et l'*attribut*

Le *verbe* est le mot qui dit ce que l'on *est*, ce que l'on *fait*, ou ce que l'on *souffre*. Ex.: Louis *étudie* sa leçon. — Que fait Louis ? Il *étudie*. Donc *étudie* est un verbe. — On reconnait qu'un mot est un verbe quand on peut le faire précéder des pronoms *je*, *tu*, *il*, *nous*, *vous*, *ils*. Ainsi on peut dire; j'*étudie*, tu *étudies*, etc.

Essayez de mettre les mêmes pronoms devant les mots : navet, bon, etc.

LXX. — Distinguer les verbes et dire pourquoi ils le sont. — Tout travaille : les chevaux et les bœufs labourent nos champs, les chiens gardent nos maisons, les chats prennent les souris, les abeilles recueillent le miel, le soleil nous éclaire et il mûrit nos moissons, les nuages nous versent la pluie, les orages et les vents purifient l'air : l'homme seul serait-il paresseux ?

(Même travail sur les exercices LXIV et suivants).

85. — Le *sujet* est le nom de la personne ou de la chose qui est dans l'état ou qui fait l'action marquée par le verbe. Qui est-ce qui étudie sa leçon? *Louis*. Donc *Louis* est le sujet de *étudie*. On voit, par cet exemple, qu'on trouve le sujet d'un verbe en faisant la question *qui* ou *qui est-ce qui* devant ce verbe. Le sujet est le mot qui répond à cette question.

Trouver les sujets dans l'exercice précédent, dans les n°s LIV, LV, LVI, LIX.

86. — Le verbe n'a pas de genre, il emprunte le nombre et la personne de son sujet. Ex : Tu *lis, lis* est de la 2me personne du singulier, comme son sujet *tu.* N'oubliez-pas qu'il n'y a que quatre mots de la première personne : *je, me, moi,* au singulier, et *nous* au pluriel, et quatre de la 2me, *tu, te, toi,* au singulier et *vous* au pluriel. Tous les autres pronoms et tous les noms sont de la 3me personne. (1) Les verbes à l'infinitif n'ayant pas de sujet, n'ont ni nombre ni personne.

LXXI. — Dire quels mots sont verbes et pourquoi; 2º quels en sont les sujets, à quel nombre et à quelle personne ; 3º le nombre et la personne des verbes.

Blanche de Castille disait à son fils : Vous savez combien je vous chéris, et pourtant j'aimerais mieux vous voir mourir que de vous voir commettre un péché mortel. Tout homme peut se tromper, l'insensé seul persiste dans son erreur. Les apôtres répondaient aux juifs : nous devons plutôt obéir à Dieu qu'aux hommes. Je t'ai vu, ô impie, tu étais plus élevé que les cèdres du Liban ; tous les peuples se prosternaient devant toi ; j'ai passé et tu n'étais déjà plus. Nos biens sont souvent de véritables maux : ils nous causent une foule d'ennuis et d'inquiétudes ; nous craignons que les voleurs ne nous les enlèvent ; nous les employons à offenser celui qui nous les a donnés. Le savetier ne chanta plus dès qu'il eut cent écus. Nous ne possédons réellement que ce que nous donnons aux pauvres pour l'amour de Dieu.

---

(1) Les mots mis en apostrophe et les pronoms qui les remplacent sont néanmoins de la 2me personne.

Ceux qui désirent peu sont toujours riches. Il est plus facile de borner ses désirs que de les satisfaire. On se procure plus aisément un verre d'eau qu'un verre de vin.

LXXII. — Mettre au pluriel l'exercice suivant :

Je prie, tu parles, il vole, elle travaille, l'écolier étudie, le maçon maçonne, le menuisier rabote, le serrurier lime, l'enfant vagit, je greffe, tu écussonnes, il taille la vigne, tu ne récites pas ta leçon.

Mettre au singulier :

Nous causons, les polissons fument, ils insultent les passants, ces enfants jettent des pierres, vous gâtez vos cahiers, ceux-là ménagent les leurs, nous épargnons les nôtres, ceux-ci perdent leurs plumes, soyez braves, puisque vous êtes Français. (1)

LXXIII. — Placer un sujet convenable devant les verbes suivants : Aboie, miaulent, glousse, tasses, cachette ma lettre, croassent, hurle, brille, scintillent, rugit, mugit, chante, sifflent, grogne, piaulent.

Mettre un verbe convenable après les sujets suivants, au singulier et au pluriel :

L'âne, le pinson, le cheval, le coq, le général, le soldat, la pluie, le vent, le tonnerre, le poisson, l'oiseau, le renard, la violette, le pain.

87. — Le pronom conjonctif étant du même genre, du même nombre et de la même personne que le mot qu'il remplace, tout verbe qui a pour sujet le pronom *qui* est de la même personne et du même nombre que l'antécédent. Ex.: *moi qui parle, toi qui parles, lui qui*

____

(1) Donner des dictées au singulier et les faire mettre au pluriel et *vice versâ*.

parle, nous qui parlons, vous qui parlez, ceux qui parlent. Que fais-*tu, insensé qui oublies* que Dieu te jugera !

Je, tu, il, elle, on, sont toujours sujets. Les pronoms personnels employés comme sujets se placent avant le verbe; mais, quand on interroge, ils se placent après *le verbe,* dans les temps simples, et après l'auxiliaire, dans les temps composés. Ex. il prend, prend-il ? ont-ils pris ? (1)

Si le verbe finit par une voyelle et que le pronom sujet qui le suit commence également par une voyelle, on les sépare par un *t* euphonique : (2) va-t-il?

LXXIV. — Rendre interrogatives les phrases suivantes : J'aime Dieu, tu aides ta mère, elle honore ses parents, nous corrigeons nos défauts, vous dites la vérité, on vous aime, il vainc sa paresse, elle étudiera sa leçon, tu ne feras de mal à personne, on n'aime pas les menteurs, je ne vous crois pas.

88. — Remarquez, 1º que les temps de l'impératif, du subjonctif et de l'infinitif ne servent jamais à interroger; 2º que les verbes terminés en *e* à la 1re personne singulière du présent de l'affirmatif, prennent un accent aigu sur l'*e* final. Ex : *je chante, chanté-je ;* 3º que tout verbe terminé à la 1re personne par deux consonnes ne se conjugue pas interrogativement, et qu'ainsi l'on ne dira pas : *prends-je ?* mais *est-ce que je prends?* Ajou-

______

(1) Remarquez que le pronom personnel, sujet ou complément placé après le verbe, s'y joint par un trait d'union. Aimé-je, suis-moi, donne-le-moi, fies-y-toi.

(2) *Vaincre* et *convaincre* ont aussi un *t, vainc-t-il, convainc-t-elle.*

3 *

tons que toutes les fois que le verbe interrogatif a un nom pour sujet, le sujet se répète après le verbe par un pronom. (1) Ex.: ma mère ne me chérit-*elle* pas de toute son âme? Cette répétition n'a pas lieu après *quel, que de, combien de*. Ex.: Quel mortel peut d'un jour s'assurer l'existence?

LXXV.—Rendre interrogatives les phrases suivantes:

Le mouton nous donne sa laine. Un ver file la soie. Un arbrisseau produit le coton. J'entreprends de filer la jute. On tire le sucre de la betterave. Les fermiers cultivent le seigle. Je récolte du trèfle. La luzerne est rare. La vesce abonde. J'apprends le nom des plantes fourragères.

89. — *Lui, moi, toi, soi, eux* ne sont guère sujets que par ellipse ou par pléonasme. Exemple :

Il faut, autant qu'on peut, obliger tout le monde :

On a souvent besoin d'un plus petit que soi. (2)
(*Soi* sujet de *n'est petit* sous-entendu).

On ne peut reprendre sûrement les autres des fautes que l'on commet *soi-même*. On pourrait se borner à dire : que l'on commet. *Soi-même*, mis pour *on*, forme donc pléonasme et est aussi sujet de *commet*. — *Eux* (les apôtres) crurent que Jésus parlait d'un sommeil ordinaire ; mais lui, se levant, leur dit : allons. — *Ce* que Jésus nous commande, *il* l'a fait *lui-même*. — Les rois *eux-mêmes* sont sujets à la mort.

----

(1) Ce pronom, qui est aussi sujet du verbe, forme un *pléonasme*. Le pléonasme consiste dans l'emploi de mots inutiles pour le sens, mais qui donnent plus de force ou de grâce à l'expression.

(2) La Fontaine.

90. — Tout verbe qui a plusieurs sujets se met au pluriel. Ex.: La *gloire* et la *richesse* ne *valent* pas la vertu.

Faire accorder les verbes avec les sujets.

LXXVI. — Alexandre et César fu... de grands capitaines. — Athènes et Sparte étai... rivales. — Que serai... devenus les Égyptiens sans la prévoyance de Joseph ? — Que pense...-tu que deviendrai... les hommes, si Dieu les abandonnai...? — Caïn, dit le Seigneur, qu'a...-tu fait de ton frère ? — Que récolterai... le laboureur et le vigneron s'ils ne travaillai... pas ? — Malheureux qui jalouse... la prospérité de ton voisin, que n'imite...-tu l'activité et la sobriété qui le distingue...? Que n'e...-tu comme lui levé avant l'aurore ! — Que signifie... ces plaintes , dont tu remplis les cabarets ? Oublie...-tu que la misère regarde à la porte de l'homme laborieux sans oser en franchir le seuil ?

91. — Le complément *direct souffre l'action* faite par le verbe. On le trouve en faisant, après le verbe, la question *qui* ou *quoi*. Ex.: Louis étudie sa leçon. Louis étudie *quoi?* sa leçon. Donc *leçon* est le complément direct de *étudie*.

Les verbes actifs et pronominaux actifs peuvent seuls avoir des compléments directs. (1)

LXXVII. — Trouver 1o les compléments directs ; 2o les sujets ; 3o faire accorder les verbes.

---

(1) Pour trouver le complément direct d'un verbe pronominal, il faut y substituer la forme active. Ex.: Ces enfants se battent : ils battent *eux*. — Ils se sont battus : ils *ont* battu *eux*.

La Chine et le Japon nous envoi... le thé. — Java et Ceylan produi... la cannelle.— L'Arabie, la Réunion et les Antilles récolte .. le café. — Nous tir.. les gommes du Sénégal. — Les États-Unis, l'Égypte, l'Indoustan nous expédie... le coton. — Le Pérou et le Chili nous vend... le guano et l'alpaga. — La Russie, l'Allemagne et la Belgique nous fourni... des lins et des bois. — Nous extray.. le sucre de la betterave, de l'érable et de la canne à sucre. — Nous distill... les mélasses et nous en obten... le rhum, le tafia, l'alcool. — L'alcool nous procur... l'eau-de-vie, le genièvre et toutes les liqueurs (comment ?) — On emploi... l'orge et le houblon pour faire la bière. — On écras... les pommes pour fabriquer le cidre. — Les vignerons presse... le raisin pour faire le vin. — Le caoutchouc se tire de l'hévé.— L'huile s'extrait de l'olive, de la noix, du chénevis et des graines de lin, de sésame, de colza, d'œillette, de caméline.— Nous nous serv... aussi des huiles de pétrole, de schiste, de naphte et de poisson. — La cire se trouv... dans les ruches. — Le suif se fond facilement, d'où se tire-t-il ?

92. — Souvent le complément direct est exprimé par un infinitif, par une ou plusieurs propositions, ou même par une ou plusieurs phrases. Ex.: Dieu commande d'*obéir* à ses parents; il veut *qu'on les respecte et qu'on les assiste dans leurs besoins.* — Jésus dit a ses disciples : *Bienheureux* etc. *Dit* a pour complément direct toutes les paroles de Jésus.

LXXVIII. — Trouver les compléments directs : Aimez qu'on vous conseille et non pas qu'on vous loue. (1) — Rendez-moi, lui dit-il, mes chansons et mon somme et reprenez vos cent écus. (2) — On dit avec raison : la critique est aisée, et l'art est difficile. — Je crois que le travail et la vertu sont les vraies sources du bonheur.

93. — Les élèves font souvent accorder les verbes avec les pronoms *les, vous*, employés comme compléments; ils écrivent : je les *aimes*, je vous *aimerez*, au lieu de: je les *aime*, je vous *aimerai* : nous appelons donc leur attention sur le devoir suivant :

Les ténébres *couvre*...[présent]la terre ; le poltron les *redoute* [pr] mais le méchant les *voit* [pr.] avec joie.— Si vous m'*aimer,* [pr.] dit le Seigneur, je vous *défendre* [f.s.] contre vos ennemis, je les *dissiper*[f.s.]comme le vent dissipe [pr.] les nuages, comme il emporte les feuilles et les *disperser* [pr.] à tous les points de l'horizon. — Quand une mère pourrait oublier son enfant, moi, je ne vous *oublier* [f.s.] pas ; mais je vous *porter* [f.s.] comme l'aigle porte ses aiglons. — Usons des biens de la terre, puisque Dieu nous les *donner,* [pr] mais ne nous y attachons pas ; car Dieu les *ôter* [f.pr.] tôt ou tard à celui qui les lui *préférer* [f aut.].

94. — Les pronoms *le, la, l', les,* s'emploient comme compléments directs. (3) *Que,* pronom, est aussi généralement complément direct. (4) *Lui* et *eux* peuvent

---

1. Boileau. — 2. La Fontaine.

(3) *Le* et *l'* sont parfois attributs. Ex.: Ce livre est beau, il l'est. *L'* remplace beau, attribut de *il.*

(4) *Que* peut être attribut : *Que* sont devenus les persécuteurs de l'Église? ou sujet réel d'un verbe impersonnel : *Que* nous reste-t-il à la mort ?

être compléments directs par pléonasme : Je l'ai vu *lui-même.*

Me, te, se, moi, toi, soi, nous, vous, sont compléments directs quand ils sont mis pour *moi, toi, soi, nous. vous,* et compléments indirects quand ils sont mis pour *à moi, à toi, à soi, à nous, à vous.* Ex.: L'histoire *me* plaît, elle *m'*instruit ; elle plaît *à moi,* elle instruit *moi.*

95. — Le complément *indirect* se trouve, pour le verbe, comme pour le nom, en faisant après le verbe, les questions *à qui, de qui, par qui, pour qui, en qui, avec qui* pour les personnes, et *à quoi, de quoi,....* pour les choses·

Leur, en, (1) *y, dont* (2) sont toujours compléments indirects.

LXXIX. — Trouver les compléments directs et les compléments indirects. — La persévérance triomphe de tout. Un vieux soldat avait reçu de Sylla un champ stérile et couvert de pierres et de ronces. Il se mit à l'œuvre, le débarrassa des buissons, en ôta les pierres dont il se servit pour le clore de murs. Il y creusa des rigoles et y amena l'eau d'une source voisine. Les arbres qu'il y planta lui donnèrent bientôt des fruits dont

---

(1) *En* peut être complément direct d'après l'Académie (M. Bescher). Ex.: Vous avez une montre et je n'*en* ai point c'est-à-dire je n'ai point *de montre.* Il est clair que *de* est mis pour *une.*

(2) Pour trouver de quels mots *en* et *dont* sont les compléments, il faut lire la phrase en les supprimant. Ex.: Dieu nous a confié la vie comme un dépôt *dont* nous lui rendrons compte C'est-à-dire nous lui rendrons compte *de ce dépôt. De ce dépôt* serait complément indirect *de rendrons :* donc *dont* est aussi complément indirect de *rendrons.*

les laboureurs d'alentour se montraient jaloux. Voilà
(1) ce que peut le travail de l'homme. — Enfants, vous
vous plaignez de votre peu de mémoire ; votre intelligence vous semble rebelle; gardez-vous bien de vous
décourager : imitez le soldat de Sylla et bientôt vous
vous étonnerez vous-mêmes des connaissances que vous
posséderez. En fait de savoir surtout, le travail et la
persévérance sont toujours couronnés de succès·

LXXX. — Voici un autre exemple du même genre
que j'aime à vous citer. Harrison était un pauvre garçon charpentier qui habitait une ville d'Angleterre (je
ne sais pas laquelle, le nom m'a échappé). Un jour, on
lui apprit que la Société royale de Londres promettait
10,000 livres sterling (2) à celui qui inventerait le meilleur chronomètre. (3) Il se dit : je gagnerai le prix ;
il jeta sa varlope et son rabot, se rendit à Londres et
se fit horloger. Comme il s'appliquait sans relâche à
son métier, il devint très-habile ouvrier, s'établit et
s'acquit une belle fortune. Mais cela ne lui suffisait, il
voulait gagner le prix et il le gagna..... Mais après
quarante années de recherches ! Si pourtant il s'était
découragé la veille !

96. — Le complément de *temps* se trouve en faisant
la question *quand* ou *en combien de temps*. Ex.: Dieu
fit le monde *en six jours*, et il se reposa *le septième*.
Dieu fit le monde, *en combien de temps ? En six jours*.

----

(1) *Voici* et *voilà* ont des compléments directs.
(2) Environ 250,000 francs.
(3) Montre marine qui ne varie que de quelques secondes par
une année et sert à mesurer les longitudes.

Donc *en six jours* est le complément de temps de *fit*. Il se reposa *quand ? le septième*. Donc *le septième* est aussi complément de temps de *reposa*.

LXXXI. — Trouver le complément de temps.

On va de Lille à Paris en six heures. — La poule couve ses œufs pendant vingt et un jours. — Jésus mourut le Vendredi-saint, vers la neuvième heure, l'an du monde 4963. — Noé se maria à l'âge de 500 ans, il travailla 100 ans à construire l'arche. Le déluge dura quarante jours.

97. — Le complément de *lieu* se trouve en faisant la question *où ?* Ex.: N.-S. naquit dans une étable à Bethléem. Naquit *où ? Dans une étable, à Bethléem*. Donc *dans une étable, à Bethléem*, sont compléments de lieu de *naquit*.

LXXXII. — Trouver les compléments de temps et de lieu.

Attila fut vaincu à Châlons-sur-Marne en 451. — Clovis battit les Allemands à Tolbiac en 496. — Il fut baptisé à Reims, la même année, par saint Remi, le jour de Noël. — C'est pour nous que Jésus souffrit une tristesse mortelle dans son âme, des douleurs excessives dans son corps, l'ignominieux supplice de la croix. — Dieu a mis, dans le cœur des mères, une tendresse extrême pour leurs enfants. — C'est la faute d'Adam qui a fait croître le chardon dans nos champs, l'ignorance dans nos esprits et le vice dans nos cœurs.

98. — Le complément de *manière* se trouve en faisant la question *comment*, Ex.: Il faut corriger *avec soin* tous ses défauts. Il faut corriger, comment ? *avec soin*.

Donc *avec soin* est le complément de *manière* de corriger.

99. — L'adjectif n'est en réalité qu'un complément indirect exprimé par un seul mot : la maison *paternelle*, c'est la maison *de mon père*. De même le complément de manière équivaut d'ordinaire à un adverbe. Ainsi *avec soin* peut se remplacer par *soigneusement*.

LXXXIII. — Par quels mots peut-on remplacer les expressions suivantes : avec ardeur, avec courage, avec sagesse, en hâte, de force, en retard, avec faveur, avec bonheur, de son plein gré, à perpétuité, en traître, sans pitié, avant cela, au préalable, sans justice, de préférence, en conformité, etc.

Achever les phrases suivantes en mettant le complément, distinguer les C. de manière.

Philippe Auguste battit les..... à..... en ....Du Guesclin combattit toute sa..... contre..... Jeanne-d'Arc chassa les..... d'......les battit à..... et fit couronner le... à.. .. le 17..... Elle fut prise à..... et brulée à..... le... Elle mourut *avec courage*. Les Prussiens ont bu notre vin *avec délice,* ils ont pillé nos maisons *avec joie,* ils les ont brûlées *sans pitié,* ils ont égorgé nos vieillards et nos enfants *avec cruauté,* et ont fait mourir par *la faim et le froid,* nos soldats prisonniers. Enfants souvenez-vous-en.

100. — Le mot *attribuer,* signifie *donner.* L'attribut d'une proposition est un mot qui dit ce qu'est *le sujet,* quel est son état, sa fonction, sa manière d'être en général. Ex.: David était *berger,* il devint *roi. Berger* dit quel était l'état de David, c'en est donc l'attribut.

De même *roi* est attribut de *il* pour *David*. L'attribut se trouve en faisant après le verbe, la question *quel* ou *en quel état*.

L'attribut peut être un nom : Abel était *pasteur*; ou un adjectif : Noé était *juste ;* ou un pronom : qui suis-je ? ou un infinitif : les méchants semblent parfois *triompher* des bons ; ou un participe : le mérite est souvent *méconnu*, je suis *souffrant*; ou un adverbe : c'est *peu* de vouloir le bien, il faut le faire.

Le verbe est toujours suivi d'un attribut exprimé ou sous-entendu : cet enfant est *paresseux*, il est en retard; c'est-à-dire il est *resté* ou *arrivé* en retard. C'est en travaillant au bonheur d'autrui qu'on trouve son propre bonheur. C'est-à-dire c'est *certain* qu'on trouve. — Les verbes *devenir, demeurer, rester, paraître, sembler, naître, vivre, mourir* (1) et tous ceux qu'on peut remplacer par le verbe être sans que la phrase cesse d'avoir un sens, sont aussi fréquemment accompagnés d'attributs : les riches paraissent *heureux*, mais ils sont loin de *l'être* toujours. *Heureux*, attribut de *riches*; *l'* pour *heureux*, attribut de *ils* pour *riches*. (2)

LXXXIV. — Trouver les attributs.

---

(1) Il importe de ne pas prendre l'attribut qui suit ces verbes pour un complément direct. Pour cela il faut remarquer que tout verbe à attribut peut se remplacer par le verbe *être*. Le paresseux *reste* ignorant ; on peut dire : le paresseux *est* ignorant. Avec un complément direct cette substitution ne peut avoir lieu: Léon *mange* une pomme, on ne peut dire : Léon *est* une pomme.

(2) Dans notre système nous croyons inutile de décomposer les verbes attributifs.

Bien parler c'est beaucoup, bien penser c'est mieux, mais ce n'est pas encore assez, il faut bien vivre. — Le soleil paraît tourner autour de la terre, mais c'est une erreur. — Tout homme naît faible. — Le méchant vit inquiet. — Aristide mourut pauvre. — Êtes-vous riches, vos amis semblent nombreux ; devenez-vous pauvres, vous demeurez seuls. — Dieu seul nous demeure fidèle, dans la bonne comme dans la mauvaise fortune. — Parler peu est le secret du sage. — La bouche de l'insensé est toujours prête à s'attirer la confusion.

101. — Après le verbe *être* et les verbes *rester, demeurer*, etc., l'attribut se rapporte au sujet du verbe. mais après les verbes actifs ou pronominaux actifs, il se rapporte au complément direct. Ex.: Les hommes qui *se* croient sages, sont les plus aisément trompés. Ils croient *eux sages. Sages* attribut de *se*.

LXXXV. — Trouver les attributs.

Sparte se croyait invincible ; toute la Grèce s'était courbée tremblante sous son joug ; mais son orgueil, sa dureté parurent bientôt intolérables, et ce furent les Thébains, tout Béotiens qu'ils étaient, qui eurent l'honneur de la vaincre. — Telle est l'histoire présente et future de la Prusse. Enivrée par ses victoires, elle se montre inique envers les catholiques; on la trouve arrogante à l'égard des nations qu'elle appelle amies, insolente vis-à-vis de nous. C'est ainsi qu'on la voit accumuler contre elle les jalousies. les rancunes et les haines qui effaceront Sadowa et Sédan.

102. — A l'attribut se rattache l'*apposition*. On appelle ainsi tout mot qui désigne exactement le même être que celui auquel il est joint. Ex.: L'*empereur* Napoléon 1er est mort en 1821. — Ma *commère* la *carpe* y faisait mille tours avec le *brochet*, son *compère*. — *Dieu, maître* de l'univers, le gouverne à son gré..... — *Bossuet*, l'*aigle* de Meaux, et *Fénelon*, le *cygne* de Cambrai, vécurent sous le grand *roi Louis XIV*. — La *ville* de *Paris*, (1) le *fleuve* du *Tibre*, les *monts Balkhans*, le *golfe* du *Lion*, le *pays* de *Chanaan*, la *Terre* d'*Égypte*.

Des diverses espèces de Verbes.

103. — On distingue cinq sortes de verbes : le verbe *actif*, le verbe *neutre*, le verbe *pronominal*, le verbe *impersonnel* et le verbe *passif*.

Le verbe *actif* est celui qui a un complément direct. Ex.: Dieu bénit les justes jusqu'à la millième génération. *Bénit* est actif parce qu'il a pour complément direct : *les justes*. On reconnaît qu'un verbe est actif quand on peut le faire suivre des mots *quelqu'un* ou *quelque chose*.

LXXXVI.—Trouver les verbes actifs dans les exercices LXIV, LXV, LXVII, LXIX, LXX, LXXI, LXXIV, LXXVI et LXXVII.

---

(1) Les Latins disaient *urbs Lutetia*, Paris *ville*. Toutes les fois qu'on peut tourner par *qui s'appelle*, le nom commun est une *apposition* du nom propre.

104. — Le verbe *neutre* est celui qui n'a pas de complément direct, et après lequel, par conséquent, on ne peut placer *quelqu'un* ni *quelque chose*. Ex.: Saint Louis *régna* sur la France. *Régner* est neutre parce qu'on ne peut pas dire *régner quelqu'un*. — Quand un verbe actif est employé sans complément direct, il devient neutre. Ex.: *Je mange, tu bois, il prie.* Et, si l'on donne un complément à un verbe neutre, il devient actif. Ex.: *Danser une danse, courir une course.*

LXXXVII. — Trouver les verbes neutres dans l'exercice LXXII.

LXXXVIII. — Distinguer les verbes neutres et les verbes actifs : Le fripon *a volé* deux cents francs. L'hirondelle *vole* rapidement. Le blé *pousse* vite au printemps. Le vent *pousse* les navires sur la mer. Le temps *fuit* et nous *mène* au tombeau. Les hommes *fuient* (1) leurs amis malheureux. Les parents *servent* (2) leurs enfants. Les livres *servent* beaucoup aux écoliers. Les saints *ont passé* leur vie à *servir* les hommes. La vie de l'homme *passe* comme l'ombre. On *applaudit* les acteurs. On *applaudit* à une belle action. Je *sors* à l'instant. Je *sors* mon cheval de l'écurie. Je *monte* au grenier. *Montez* ces papiers dans ma chambre. L'orgueil *monte* à la tête.

105: — Le verbe *pronominal* est celui qui se conjugue avec deux pronoms se rapportant à la même personne. Ex.: *Je me* sens attiré vers les enfants propres et polis. Les Français *se* sont emparés de Sébastopol en 1855.

______

(1 et 2) *Servir* et *fuir* ne peuvent être actifs que si c'est une personne qui *fuit* ou *sert*.

Dans ce dernier cas, *les Français* pourraient se remplacer par *ils*.

Il y a deux sortes de verbes pronominaux : les verbes pronominaux *essentiels* qui se conjuguent toujours avec deux pronoms, comme *s'abstenir, s'enfuir*, et les verbes pronominaux *accidentels*, verbes actifs ou neutres, que l'on conjugue quelquefois avec deux pronoms, comme *louer*. On peut dire : *je* loue ; *je me* loue. (1)

LXXXIX. — Dire si les verbes pronominaux sont essentiels ou accidentels.—Toujours par quelque endroit, fourbe *se laisse* prendre. L'iniquité *s'est menti* à elle-même. La poussière *s'est enflée* d'orgueil contre la main qui l'a mise en œuvre. Il ne faut point *se fier* aux apparences. Les Chartreux *s'abstiennent* de vin et *s'adonnent* au travail et à la prière. Le paresseux *s'ennuie* toujours, il *s'enfuit* quand on l'appelle et *s'en va* battre les buissons.

106. — On appelle verbe *impersonnel* celui qui ne s'emploie qu'à la 3me personne du singulier, comme *falloir, tonner, pleuvoir : il faut, il tonnera, qu'il pleuve.*

Il y a des verbes essentiellement impersonnels comme *falloir, neiger*, mais le plus souvent on emploie comme

____

(1) 1° faire conjuguer par deux élèves, le même verbe activement et pronominalement ; 2° faire distinguer soigneusement si le second pronom est complément direct ou complément indirect, et pour cela tourner par la forme active. Ex.: L'ignorance toujours est prête à *s'admirer*. Admirer quoi ? *(Se, celle)* donc s' est complément direct de admirer. — Les polissons se sont jeté des pierres. Ils ont jeté des pierres à qui ? à eux *(se)* donc *se* est complément indirect de jeté.

impersonnels, des verbes actifs, neutres, passifs ou pronominaux. Ex.: *Il fait* froid en Laponie.

107. — On reconnaît en général qu'un verbe est impersonnel quand la proposition ne peut se conjuguer à toutes les personnes. Ex.: Il *est tombé* de la neige cet hiver. On ne peut dire *je suis tombé de la neige.* Donc *est tombé* est ici impersonnel. Il n'y a d'exception que pour *il est certain, il est sûr, il est assuré,* et quelques verbes pronominaux.

A l'exception de *il pleut, il gèle, il neige, il tonne,* et de quelques autres semblables, les verbes impersonnels ont deux sujets : l'un qu'on nomme sujet *apparent* c'est *il ;* l'autre qu'on nomme sujet *réel,* et qui se présente sous la forme d'un complément direct. Ex.: *Il est* juste que nous aidions nos parents, c'est-à-dire *que nous aidions nos parents* est juste. Donc *que nous aidions nos parents est* le sujet réel de *est.*

Le mot *il* forme un véritable pléonasme.

XC. — Trouver les verbes impersonnels.

Si Dieu n'existait pas, il faudrait l'inventer (1)

Il y a deux choses qui perdent les hommes: c'est l'abondance des richesses et l'abondance des paroles (2). Il est vrai que nous sommes pauvres, mais nous aurons beaucoup de bien, si nous craignons Dieu, si nous nous retirons de tout péché et si nous faisons de bonnes œuvres. (3) Il nous est meilleur de mourir dans le combat que de voir les maux de notre peuple, et la destruction de toutes les choses saintes. (4) Il n'est pas

---

(1) Voltaire.— (2) Proverbes. — (3) Tobie. (4) Judas Machabée

bon que l'homme soit seul, car s'il lui arrive malheur, il n'est personne qui puisse le secourir (1) Il pleut davantage sur les montagnes que dans les plaines. Il se trouve dans les montagnes de vastes réservoirs d'eau, et, au-dessous des plaines, il existe parfois des mers souterraines. S'il arrive que l'on perce la croûte qui la recouvre, l'eau jaillit ; c'est un puits artésien. Dans nos régions, il tombe plus d'eau en été qu'en hiver. S'il survient une averse au lever du soleil, d'ordinaire il fait beau le reste du jour. Où il n'y a personne pour gouverner, le peuple périt. (2)

108. — Le verbe *passif* est le verbe *être* accompagné du participe passé d'un verbe actif. Ex.: Les enfants d'Héli *furent tués* à cause de la faiblesse de leur père. *Tuer* est un verbe actif ; donc *furent tués* est passif.

Le temps du verbe passif est le même que celui de l'auxiliaire. Ainsi *furent tués* est au *passé défini*, parce que *furent* est lui-même au *passé défini*. Il faut avoir soin de ne pas confondre les verbes passifs, avec certains verbes neutres qui se conjuguent avec l'auxiliaire être. (3)

Distinguer les verbes.

XCI. — A Sparte, les vieillards étaient respectés, les lois étaient obéies, et l'on honorait la mémoire de ceux qui étaient morts pour la patrie. A Carthage les généraux qui avaient été vaincus, étaient mis en croix. A Rome, au contraire, le Sénat remerciait les consuls qui avaient été défaits, de n'avoir point désespéré du salut de la république. Aussi Carthage est tombée

____

(1) Bible. — (2) Proverbes XI, 14.
(3) *Obéir* quoique neutre forme cependant un verbe passif.

tandis que Rome est sortie victorieuse de la lutte qu'elle fut obligée de soutenir contre Annibal, Philippe et Antiochus.

Le même verbe peut être, suivant les cas, actif, neutre, pronominal, impersonnel ou passif. Ex.: Les Samoyèdes mangent la chair et le poisson tout crus. Les vieillards mangent dificilement. Les loups ne se mangent pas. Il se mange beaucoup de gibier à Paris. Les cadavres des rois sont aussi mangés des vers.

XCII. — Même exercice sur *donner, voir, chanter, planter, boire, trouver, teindre, semer,* etc.

Du Mode.

109. — La mode est en général la manière de se vêtir. Qu'un homme se couvre d'un habit, d'une redingote ou d'une blouse, c'est toujours le même homme quoiqu'à la vue il semble différent. De même le verbe présente l'action qu'il exprime, de cinq manières différentes qu'on appelle aussi *modes* : ce sont l'*affirmatif,* (1) le *conditionnel,* l'*impératif,* le *subjonctif* et l'*infinitif.*

110. — Le mode *affirmatif* exprime une action certaine ou présentée comme telle. Ex.: j'*ai parlé,* je *parle,* je *parlerai* sans crainte, pour rendre témoignage à la verité.

111.—Le mode *conditionnel* présente l'action comme dépendante d'une condition. Ex.: je *parlerais* si la vérité l'exigeait.

112. — Le mode *impératif* commande l'accomplissement de l'action. Ex.: *Parle,* mon fils, la vérité l'exige.

---

(1) Ou *indicatif.*

113 — Le mode *subjonctif* s'emploie toutes les fois qu'on veut exprimer qu'une action est douteuse. Ex.: Dieu veut que nous *parlions* quand la vérité l'exige. — Sans doute, Dieu le veut, mais parlerons-nous ? cela n'est pas sûr. Voilà pourquoi *parler* est au subjonctif.

114. — Le mode *infinitif* nomme simplement l'action, comme le nom désigne les êtres. Ex.: *Parler* est utile. Plusieurs infinitifs s'emploient comme noms communs : le *boire*, le *manger*, le *déjeûner*, le *dîner*, l'*aller*, le *savoir*, l'*être*, le *penser*, l'*avoir*, le *pouvoir*, le *devoir*, le *rire*, le *vouloir*, etc.

Des Temps.

115. — Dans le langage ordinaire le *temps* se divise en trois parties : tout le temps écoulé avant l'époque où nous sommes est le *passé* ; le temps où nous sommes est le *présent*, et le temps à venir est le *futur*.

En grammaire on appelle *temps*, toute forme du verbe qui indique *quand* se fait l'action.

Chaque mode contient des *passés*, un *présent*, et des *futurs*. Chaque temps à deux nombres : le singulier et le pluriel. Chaque nombre a trois personnes. Ex :

SINGULIER			PLURIEL		
1re pers.	Je chante		1re pers.	Nous chantons
2me »	Tu chantes		2me »	Vous chantez
3me »	Il chante		3me »	Ils chantent

116. — Les temps se divisent en temps *simples* et en temps *composés*. Les temps *simples* sont ceux qui n'empruntent ni *avoir* ni *être*, et où par conséquent le verbe est exprimé par un seul mot. Ex.: *Je chante, tu finis.*

Les temps *composés* sont ceux qui empruntent *avoir* ou *être*, et où le verbe est exprimé par plusieurs mots. Ex.: *Tu as chanté, il aura été puni.* (1)

117.— On divise aussi les temps des verbes en temps *primitifs* et en temps *dérivés.*

Les temps primitifs sont ceux qui forment les autres temps; on en compte cinq, savoir: Le *présent de l'affirmatif*, le *passé défini*, le *présent de l'infinitif*, le *participe présent* et le *participe passé.*

Tous les autres temps sont appelés temps *dérivés*, parce qu'ils dérivent, c'est-à-dire qu'ils sont formés des temps primitifs.

De la Conjugaison.

118. — Conjuguer un verbe, c'est dire ou écrire toutes les formes qu'il prend pour marquer les modes, les temps, les nombres et les personnes.

Sous le rapport de la conjugaison, on distingue les verbes *réguliers* et les verbes *irréguliers.*

Un verbe régulier est celui dont les terminaisons sont partout les mêmes que celle du verbe qui sert de modèle. Les verbes irréguliers sont ceux dont les terminaisons ne sont pas conformes à celles du verbe modèle.

119. — Il y a, dans un verbe, deux parties : le *radical* et la *terminaison.*

---

(1) Les verbes *avoir* et *être* ne sont auxiliaires que quand ils servent à conjuguer les autres verbes ; hors de là, *être* est un verbe neutre et *avoir* un verbe actif.

Le radical est la partie du verbe qui ne change pas et qui marque l'action. Par exemple, dans *chanter*, on commence par *chant* à toutes les personnes. *Chant* est donc le radical.

La terminaison est la partie du verbe qui change pour marquer les modes, les temps, les nombres et les personnes.

Dans les verbes réguliers, la terminaison est la même pour tous les verbes d'une même conjugaison.

120. — Il y a dans notre langue quatre conjugaisons : la 1re comprend les verbes terminés, à l'infinitif, par *er*, comme *chanter ;* la 2e comprend les verbes terminés par *ir*, comme *finir ;* la 3e comprend les vingt-cinq verbes terminés par *oir*, comme *recevoir ;* la 4e comprend les verbe terminés par *re,* comme *rendre, maudire, boire.*

XCIII. — Indiquer le radical et la terminaison des verbes suivants : Je mange, tu bois, il court, nous voulons, vous allez, ils vendent, nous aiderons, ils jouissent, tu payeras, ils diraient, que tu mentes, qu'ils bâtissent, nous haïmes, vous appelez, ils souffraient, nous mangerions , tu teignis , il tendit, tu vêtiras, ils bouilliraient.

REMARQUES SUR LA CONJUGAISON.

121. — Tout verbe terminé par *cer* prend un cédille sous le *c,* devant les voyelles *a, o, u.* Ex.: Je lançai, tu reçois, il aperçut.

122. — Tout verbe terminé par *ger* prend un *e* muet après le *g,* devant les voyelles *a, o.* Je logeai, nous mangeons.

123. — Tout verbe terminé au participe présent par *yant*, change l'*y* en *i* devant un *e* muet. Ex.: Appuyant, j'appu*ie*. Toutefois, *payer* conserve l'*y*. On peut aussi le conserver dans les verbes en *ayer*, *eyer*, et dire j'*éffraye* ou j'*effraie*. Remarquez qu'on met un *i* après l'*y* à la première et à la seconde personne du pluriel de l'imparfait de l'affirmatif et du présent du subjonctif, excepté dans *ayons* et *soyons*.

124. — Tout verbe terminé par *eler*, *eter*, double les consonnes *l*, *t*, devant une syllabe muette. Ex.: j'appe*lle*, tu je*tt*eras, tandis qu'on dirait : nous appe*l*ons, vous je*t*ez, avec une seule *l* ou un seul *t*, parce que *lons* et *tez* ne sont pas des syllabes muettes.

Il faut excepter *bourreler*, *celer*, *harceler*, *geler*, *peler*, *démanteler*, *écarteler*, *griveler*, *marteler*, *modeler*, — *achever*, *béqueter* ou *becqueter*, *décolleter*, *épousseter*, (1) *étiqueter*, *trompeter*.

125. — Tout verbe dont la dernière syllabe est précédée d'un *e* muet comme *semer*, ou d'un *é* fermé comme *végéter*, (2) change *e*, *é* en *è* ouvert, devant une syllabe muette. Ex : tu sèmes, il sèmera. Néanmoins les verbes terminés par *ger* conservent l'accent aigu, parce qu'on ne met point d'accent grave devant le *g* ou le *j*. On dira donc : Dieu protége la France ! et non protége.

126. — Les verbes terminés par *indre* et par *soudre*, perdent le *d* partout, excepté au futur de l'affirmatif et

____

(1) On dit j'*époussete*, j'*épousseterai*, sans accent.
(2) Toutefois au futur et au conditionnel, on conserve l'accent aigu : Je végéterai, tu répéterais.

au présent du conditionnel. Ex.: je *joins*, tu *joignais*, il *joindra*, nous *joindrions*.

127. — Tous les composés se conjuguent comme les simples; ainsi *amener*, *démener*, *emmener*, se *promener* se conjuguent comme *mener*. Cependant *prevoir* fait au futur, je *prévoirai*, et *prévaloir* fait au présent du subjonctif : que je *prévale*.

XCIV — Mettre les verbes suivants à la deuxième personne du singulier et du pluriel, du présent de l'affirmatif, du conditionnel, du subjonctif et de l'impératif; y joindre un complément convenable.

Songer, percer, appuyer, rejeter, cacheter, racheter, essuyer, morceler, démanteler, répéter, relever, changer, enfoncer, peindre, peler, révéler, ensemencer, noyer, rayer, grasseyer, rudoyer, teindre, ménager, bégayer, ennuyer, corriger, tancer, rincer, rappeler, plaindre, joindre, étiqueter, renouveler, déceler, geler, foudroyer, amorcer, atteler, révérer, opérer, feindre, modeler, remblayer, prononcer, soulever.

XCV. — Donner l'infinitif des verbes dont la première personne singulière du présent de l'affirmatif s'écrit comme les noms et adjectifs suivants, donner aussi les adjectifs qui en dérivent quand il y en a, ne jamais omettre la signification. Abaisse, abîme, adresse, agence, avide, allége, alterne, amarre, amende, amnistie, amorce, analyse, ancre, antidate, apanage, approche, arme, attache, attaque, avance, avarie, aveugle, bâfre, baisse, balance, balise, bande, baume, baraque, barde, barre, barricade, bassine, bastingue, bataille, bave, berne, beurre, bise, boîte, bombe, borne, bosse, botte.

bouche, boule, bourre, braise, branche, branle, brasque,
brasse, brave, bredouille, bride, brigue, brise, broche,
broie, brosse, brusque, bûche, bute, butte, cabale, cache,
caille, cale, calme, calque, carde, cargue, carde, case,
cause, cave, célèbre, chaîne, change, charge, charme,
chasse, chauffe, chausse, cheville, chiffre, chopine, chute
cicatrice, cire, claque, classe, cloche, cloître, clôture,
coiffe, colloque, comble, commerce, commère, compte,
conte, conserve, consigne, copie, couche, coupe, courbe,
crosse, crible, critique, crotte, cube, cuve, dalle, dame,
danse, date, décharge, dégaîne, demande, dépêche, dé-
pense, dérive, dîme, discipline, dispense, double, doute,
dupe, ébauche, échange, écharpe, échoppe, écoute,
écume, encaisse, enclave, encombre, encre, enseigne,
entame, ente, entre, épargne, escalade, escompte,
espace, esquisse, estampe, estampille, estime, estompe,
étrille, excuse, fabrique, fatigue, ferme, fiche, figure,
filtre, fixe, flotte, flûte, force, fouille, fourche, fracture,
frange, fraude, frise, gâche, garde, gare, gaufre, gaze,
gêne, glâne, glose, gorge, gourme, grade, greffe, griffe,
grime, grippe, groupe, graisse, guide, hache, hâle,
happe, harangue, hâte, hausse, houe, huile, illustre,
image, incendie, incise, interligne, interprète, interne,
intrigue, invite, jaspe, jauge, javelle, jeûne, joue, joute,
juge, laisse, lampe, lance, lanterne, largue, latte, lave,
lèche, *légitime*, lèse, lésine, leurre, ligne, ligue, lime,
lisse, livre, loge, lustre, lutte, machine, manœuvre,
manque, marche, marge, marine, marne, marque,
masse, mèche, menace, ménage, mesure, mine, mur,
mise, modèle, module montre, mouche, moule, mousse,

murmure, muse, nacre, nage, naufrage, nombre, note,
nuance, offeuse, offre, outre, palpe, panache, parade,
parafe ou paraphe, passe, page, pêche, peigne, peine,
perle, peste, peuple, phrase, piaffe, pile, pince, pioche,
pipe, pique, place, plane, plante, plaque, plâtre,
partage, plume, poche, pointe, poivre, pomme,
pompe, porte, pose, poste, pousse, pratique, prélude,
presse, prétexte, prime, prise, prodigue, profane, prône,
purge, querelle, quittance, râfle, rage, râle, rallonge,
ramasse, rame, rampe, rate, ravage, ravale, ravine,
rechange, réclame, récolte, récompense, redoute, réforme
règle, règne, relâche, remarque, remise, remonte,
remorque, rente, réplique, reproche, reste, retouche,
rêve, ride, rime, riposte, risque, rive, rosse, rue, ruine,
ruse, sable, sabre, saccade, sacre, sangle, sape, sauce,
seconde, scie, selle, serre, signe, singe, solde, *sombre,*
somme, soude, statue, stipule, sucre, suicide, syllabe,
syncope, table, tache, tâche, taille, tape, tasse, taxe,
timbre, titre, tombe, tonne, touche, trace, trame,
traite, tranche, tremble, trempe, tresse, triomphe,
triple, trompe, trône, trotte, trouble, trousse, truffe,
ulcère, urine, vague, vanne, veine, vernis, verse, vide,
vogue, voile, voiture, volte, voyage.

XCVI. — Même exercice sur les noms suivants. —
On remarquera que ces noms, tous masculins, ne se
terminent point par un *e* muet : accueil, appareil, appel,
appui, aval, azur, babil, bail, balai, bâti, calcul, cati,
col, coloris, conseil, convoi, corroi, cri, décri, délai,
démenti, détail, écrou, égal, émail, emploi, ennui, envoi, épi, essai, essui, établi, étai, étal, éveil, exil,

failli, fil, frai, garni, gril, labour, lest, lof, lut, mail,
mari, métal, mur, oubli, outil, pareil, parfum, pari,
pleur, pli, pourvoi, rappel, recel, recueil, recul,
régal, repli, rempli, réveil, rôti, roui, roussi, scel,
signal, souci, sourcil, tail, tarif, tir, tortil, total, travail, trou, vol. (1)

FORMATION DES TEMPS.

128. — Le présent de l'affirmatif forme l'impératif
en ôtant les pronoms *tu, nous vous.*

INDICATIF PRÉSENT.	IMPÉRATIF PRÉSENT.
Ex.:Je chante	(Point de 1re personne).
Tu chantes	Chante
Il chante	(Point de 3me personne).
Nous chantons	Chantons
Vous chantez	Chantez
Ils chantent	(Point de 3me personne).

Il faut remarquer : 1º que les verbes *avoir* et *être*
forment leur impératif du subjonctif.

Ex.: *Avoir, aie, ayons, ayez.*

Être, sois, soyons, soyez.

2º Que *savoir*, fait *sache, sachons, sachez.*

3º Que *pouvoir* et *valoir* n'ont pas d'impératif.

4º Que *vouloir* en a deux ; on dit par politesse :
veuille, veuillons, veuillez, et pour exhorter fortement:
veux, voulons, voulez.

5º Enfin, que les verbes de la 1re conjugaison et les

----

(1) Voir aussi : aveu, désaveu, arroi, désarroi, effroi, étui,
discours.

4 *

verbes *offrir, ouvrir, couvrir, souffrir, cueillir, tressaillir*, etc., perdent l's à la 2ᵉ personne singulière de l'impératif, à moins qu'ils ne soient suivis de *en* ou *y* employés comme compléments de ces verbes : *donnes-en , vas-y.*

XCVII.— Mettre à l'impératif les phrases suivantes : tu vas, tu y vas, tu n'y vas pas ; tu donnes, tu ne donnes pas, tu y donnes tes soins ; tu ne sais, ne sais-tu pas, tu ne veux pas ; tu offres, tu ne souffres pas, tu en couvres ; tu en colories, tu colories, tu n'en colories pas ; tu prends, tu reçois, tu ne jouis pas, ne fais-tu pas tort ? ne viens-tu pas ? entends-tu ? tu te mets à table , tu ne te bats pas pour ta patrie.

XCVIII.—Mettre à l'affirmatif : Aide-toi, le ciel t'aidera. Écoute les avis de tes parents, et suis-les. Bénis et adore Dieu, honore tes parents, soulage-les dans leur vieillesse, sois indulgent pour leurs défauts. Ne te fais pas leur censeur, ne les critique pas. Exerce d'abord la charité à leur égard. Aie soin de leur procurer toutes sortes de consolations, et sois-en béni. Aie confiance en Dieu de tout ton cœur et ne t'appuie point sur ta propre prudence (Proverbes). Ne dis point à ton ami va et reviens, je te donnerai demain, si tu peux lui donner sur l'heure. Le Seigneur frappera d'indigence la maison de l'impie, mais il bénira la maison du juste. (Prov. IV, 28 et 33). Vous ne reprendrez point le moqueur, de peur qu'il ne vous haïsse, mais vous reprendrez le sage et il vous aimera. (Id. IX, 8).

129. — Présents de l'affirmatif offrant quèlques difficultés.

Aller, *vais, vas, va, allons, allez, vont.*

Acquérir, *acqu iers, iers, iert, érons, érez, ièrent.*

Bouillir, *bou s, s, t, illons, illez, illent.*

Courir, *cour s, s, t. ons, ez, ent.*

Mêmes terminaisons pour *dormir, mentir, partir, sentir, sortir, servir.*

Il ne faut pas confondre *ressortir* (sortir de nouveau), qui se conjuge comme *sortir*, avec *ressortir* (être du ressort de), qui se conjugue comme *finir.*

Cueillir, *cueill e, es, e, ons, ez, ent.*

De même pour *assaillir, tressaillir,* etc.

Faillir, *fa ux, ux, ut, illons, illez, illent.* (Inusité).

Défaillir, je *défaille,* nous *défaillons.*

Faire, je *fai s, s, t, faisons, faites, font.*

Fuir, *fu is, is, it, yons, yez, ient.*

Dire, *di s, s, t, sons, tes, sent.*

Mourir, *meur s, s, t, mourons, mourez, meurent.*

Offrir, *offr e, es, e, ons, ez, ent.*

Ainsi pour *souffrir, ouvrir, couvrir,* etc.

Tenir, *t iens, iens, ient, enons, enez, iennent.*

Ainsi pour *venir.*

Vêtir, *vê ts, ts, t, tons, tez, tent.*

Déchoir, *décho is, is, it, yons, yez, ient.*

Mouvoir, *m eus, eus, eut, ouvons, ouvez, euvent.*

Voir, *v ois, ois, oit, oyons, oyez, oient.*

Ainsi pour *prévoir* et *pourvoir.*

Valoir, *va ux, ux, ut, lons, lez, lent.*

S'asseoir { *ass ieds, ieds, ied, eyons, eyez, eient.* / *asso is, is, it, yons, yez, ient.*

Surseoir. *surso is, is, it, yons, yez. ient.*

Savoir, *sa is, is, it, vons, vez, vent.*
Vouloir, *v eux, eux, eut, oulons, oulez, eulent,*
Pouvoir, *p eux, eux, eut, ouvons, ouvez, euvent.*
Absoudre, *abso us, us, ut, lvons, lvez, lvent.*
Battre, *ba ts, ts, t, ttons, ttez, ttent.*
Ainsi pour *mettre.*
Boire, *b ois, ois, oit, uvons, uvez, oivent.*
Coudre, *cou ds, ds, d, sons, sez, sent.*
Croire, *cro is, is, it, yons, yez, ient,*
Croître, *cro îs, îs, ît, issons, issez, issent.*
Moudre, *mou ds, ds, d, lons, lez, lent.*
Plaire, *pla is, is, it, isons, isez, isent.* (1)
Rompre, *rom ps, ps, pt, pons, pez, pent.*
Vaincre, *vain cs, cs, c, quons, quez, quent.*
Haïr, *ha is, is, it, ïssons, ïssez, ïssent.*

XCIX. — Faire mettre tous ces verbes tantôt à une personne, tantôt à une autre, au présent de l'affirmatif et à l'impératif.

130. — Le passé défini forme l'imparfait du subjonctif en ajoutant *se* à la 2me personne singulière. Ex.: tu *chantas*, que je *chantasse*. Je ne connais pas d'exception.

Voici la liste des passés définis qui pourraient embarrasser l'élève.

INFINITIFS.	PASSÉS DÉFINIS.	INFINITIFS.	PASSÉS DÉFINIS.
Acquérir,	j'acquis	Pouvoir,	je pus
Haïr,	je haïs (2)	Valoir,	je valus
Courir,	je courus	Voir,	je vis
Mourir,	je mourus	Vouloir,	je voulus
Tenir,	je tins	Boire,	je bus
Venir,	je vins	Conduire,	je conduisis
Échoir,	j'échus	Coudre,	je cousis

(1) Il *plaît* avec un accent circonflexe.
(2) Nous *haîmes*, vous *haîtes*, avec un accent au lieu d'un tréma.

INFINITIFS.	PASSÉS DÉFINIS.	INFINITIFS.	PASSÉS DÉFINIS.
Croire,	je crus	Savoir,	je sus
Pleuvoir,	il plut	Croître,	je crûs
Déchoir,	je déchus	Conclure.	je conclus
Faire,	je fis	Dire,	je dis
Mettre,	je mis	Écrire,	j'écrivis
S'asseoir,	je m'assis	Moudre,	je moulus
Surseoir,	je sursis	Prendre,	je pris
Naître,	je naquis	Suivre,	je suivis
Nuire,	je nuisis,	Taire,	je tus
Résoudre,	je résolus	Vaincre,	je vainquis
Rire,	je ris	Plaire,	je plus
Rompre,	je rompis	Vivre,	je vécus

C. — Mettre tous ces verbes tantôt à une personne, tantôt à une autre, au présent de l'affirmatif, au passé défini et à l'impératif.

131. — Le présent de l'infinitif forme le futur et le conditionnel présent : le futur en ajoutant *ai, as, a, ons, ez, ont* pour les deux premières conjugaisons, en changeant *oir* en *rai* pour la troisième, et *re* en *rai* pour la quatrième.

INFINITIFS.	FUTURS	CONDITIONNELS.
Chanter	je *chanter ai*	je *chanter ais*
Finir	je *finir ai*	je *finir ais*
Devoir	je *dev rai*	je *dev rais*
Rendre	je *rend rai*	je *rend rais*

Il faut en excepter : (1)

(1) Il suffit pour avoir le conditionnel d'ajouter une *s* au futur.

INFINITIFS.	FUTURS.	INFINITIFS.	FUTURS.
Aller,	j'irai	Venir,	je viendrai
Acquérir,	j'acquerrai	Déchoir,	je décherrai
Envoyer,	j'enverrai	Falloir,	il faudra
Courir,	je courrai	Pourvoir,	je pourvoirai
Mourir,	je mourrai	Pouvoir,	je pourrai
Cueillir,	je cueillerai	Surseoir,	je surseoirai
Prévoir,	je prévoirai	Sursoir,	
S'asseoir	je m'asseierai	Valoir,	je vaudrai
	je m'assiérai	Vouloir,	je voudrai
	je m'assoirai	Voir,	je verrai
Savoir,	je saurai	Être,	je serai
Seoir,	il siéra	Avoir,	j'aurai
Tenir,	je tiendrai		

131 BIS.—1º Tout verbe qui suit une préposition, se met à l'*infinitif*. Ex.: Nos penchants sont faciles à *corriger* dans notre jeunesse. On trouve pourtant le participe passé après *de*. Ex.: Il y en a eu quatre de *tués,* c'est-à-dire qui furent tués.

2º On emploie aussi l'infinitif après un autre verbe. Toutefois, si le premier verbe peut se remplacer par le verbe *étre,* sans que la phrase cesse d'avoir un sens, le second verbe se met au participe passé. (1) Ex.: Ils se sont *crus perdus.* On peut dire : ils étaient *perdus;* on met donc *perdus* au participe passé.

---

(1) Cela n'a guère lieu qu'avec les verbes à attribut et les verbes pronominaux qui sont alors de véritables auxiliaires. Ex.: Il paraît *aimé* de ses parents. Il paraît *aimer* ses parents.

CI. — Mettre à l'infinitif les verbes inachevés.
L'homme est *né* pour travaill.., comme l'oiseau pour
vol... Un homme de bon sens travaille en sa jeunesse,
pour pass..... en repos une heureuse vieillesse. (1)
Les délicats sont malheureux : rien ne saurait les
satisfai.. (2) Mour... pour son pays est un si digne
sort ! (3) On hasarde de perdre en voulant trop gagn .(4)
L'avarice perd tout en voulant tout gagn.. (5) L'art le
plus nécessaire n'est pas de bien parl..., mais de savoir
se tai.. (6) Il ne faut pas jug.. les gens sur l'apparence (7)
Apprend.. à se connaît.. est le premier des soins. (8)
Chacun doit s'attach.. à son métier. (9) C'est n'être bon
à rien de n'êt.. bon qu'à soi.(10) On ne peut voi.. la vertu
sans l'aim ., et on ne peut l'aim.. sans êt.. heureux (11)
Il faut de la prudence pour évit.. le malheur, et du
courage pour le souten.. (12) La vie est mêl.. de tra-
verses, il faut s'y ten.. sans cesse prépar.. (13) Après
la bataille de Maupertuis, la France s'était crue per..
A Marengo les Autrichiens se sont trouv.. vainc.. après
avoir gagn.. la bataille. A Bouvines il y eut 30,000
ennemis de tué.. ou bless.., à Austerlitz il y en eut
30,000 de fait.. prisonniers.

XCV. — Mettre au futur les verbes soulignés Prendre
garde que les verbes de la première conjugaison conservent l'*e* avant l'*r*. Tu ne *confier* pas tes secrets à un
bavard. Ta mère *confire* des fruits. Je *lire* peu de livres,

---

(1) Boursault. — (2) La Fontaine. — (3) Corneille.— (4) La Fontaine. — (5) Id.— (6) Voltaire. — (7) La Fontaine. — (8) Id.
— (9) Voltaire. — (10) Id.— (11) Fénelon.— (12) J. J. Rousseau.
— (13) Molière.

mais je les *relire* et je les *étudier* à fond. On *lier* le blé avant la pluie, on le *délier* pour le faire sécher. Au jugement dernier, les méchants se *récrier* en vain. Nous *écrire* de jolies lettre. Tu ne *dédire* pas tes parents. Je *dédier* ce livre à mes enfants. Nous ne *jouer* pas pendant la classe. Vous *avouer* votre faute. Vous *supplier* qu'on vous la pardonne, et l'on *conclure* que vous le *mériter*. Dieu *exclure* les méchants du Ciel.

CIII. — De même les noms en *ment* qui viennent d'un dérivé des verbes en *ier*, *uer*, *yer*, *éer*, par le changement de l'*r* en *ment* conservent l'*e* devant l'*m* excepté *agrément* et *châtiment*. Donner les noms en *ment* dérivés de *aboyer*, *bégayer*, *broyer* (A), *crucifier*, *dénouer* (A), *dévoyer* (A), *enrouer*, *échouer*, *ébrouer*, *enjoué* (1), *foudroyer* (A), *chatoyer*, *grasseyer*, *larmoyer*, *déployer*, *nettoyer*, *ondoyer*, *payer*, *rudoyer*, *rejointoyer*, *remercier* (A), *remanier*, *rallier*, *renier* (A), *secouer* (A), *tournoyer* (A), *tutoyer* (A), *s'engouer*, *dénuer* (A), *dévouer* (A), auxquels il faut ajouter: *avouerie*, *rouerie*, *soierie*, *scierie*, *tuerie*, *féerie*, *plaidoierie*; *chatoyer* peut conserver l'*y*.

132. — Le participe présent forme :

1º Les trois personnes plurielles du présent de l'affirmatif en changeant *ant* en *ons*, *ez*, *ent*.

Chantant,	nous *chant ons*	vous *chant ez*	ils *chant ent*
Finissant,	nous *finiss ons*	vous *finiss ez*	ils *finiss ent*
Devant,	nous *dev ons*	vous *dev ez*	ils *doiv ent*
Rendant,	nous *rend ons*	vous *rend ez*	ils *rend ent*

(A) (B) Les mots en italique marqués d'un A remplacent souvent l'*e* par un accent circonflexe.

(1) L'infinitif est inusité.

Les exceptions tombent presque toutes sur la troisième personne.

Allant,	ils *vont*		Sachant,	nous *savons* / vous *savez* / ils *savent*
Acquérant,	ils *acquièrent*			
Mourant,	ils *meurent*		Voulant,	ils *veulent*
Tenant,	ils *tiennent*		Buvant,	ils *boivent*
Venant,	ils *viennent*		Prenant,	ils *prennent*
Déchéant	nous *déchoyons* / vous *déchoyez* / ils *déchoient*		Disant,	vous *dites* (1)
			Faisant,	vous *faites* (2) / ils *font*
Échéant,	ils *échoient*			
Mouvant,	ils *meuvent*		Étant,	nous *sommes* / vous *êtes* / ils *sont*
Pouvant,	ils *peuvent*			
Ayant,	nous *avons* / vous *avez* / ils *ont*			

Le participe présent forme aussi l'imparfait de l'affirmatif en changeant *ant* en *ais, ais, ait, ions, iez, aient*. Ex.: Chant ant, je *chant ais*.

Excepté : Ayant, j'*avais* ; sachant, je *savais*.

Le participe présent forme encore le présent du subjonctif en changeant *ant* en *e, es, e, ions, iez, ient*. Ex.: Chant ant, que je *chant e*.

---

(1) On dit également vous *redites* ; mais les autres sont réguliers : vous *dédisez, médisez, prédisez, contredisez, interdisez* et *maudissez*.

(2) On dit de même : vous *refaites, défaites, surfaites, satisfaites, contrefaites*.

EXCEPTIONS :

Allant. (1) Que j'*aille*, que tu *ailles*, qu'il *aille*, que nous allions, que vous alliez, qu'ils *aillent*.

Acquérant. Que j'*acquière*, que tu *acquières*, qu'il *acquière*, que nous acquérions, que vous acquériez, qu'ils *acquièrent*.

Mourant. Que je *meure*, que tu *meures*, qu'il *meure*, que nous mourions, que vous mouriez, qu'ils *meurent*.

Tenant. Que je *tienne*, que tu *tiennes*, qu'il *tienne*, que nous tenions, que vous teniez, qu'ils *tiennent*.

Venant. Que je *vienne*, que tu *viennes*, qu'il *vienne*, que nous venions, que vous veniez, qu'ils *viennent*.

Déchoir. (2) Que je *déchoie*, que tu *déchoies*, qu'il *déchoie*, que nous *déchoyions*, que vous *déchoyiez*, qu'ils *déchoient*

Falloir. (Pas de participe présent). Qu'il *faille*.

Mouvant. Que je *meuve*, que tu *meuves*, qu'il *meuve*, que nous mouvions, que vous mouviez, qu'ils *meuvent*.

Pouvant. Que je *puisse*, que tu *puisses*, qu'il *puisse*, que nous *puissions*, que vous *puissiez*, qu'ils *puissent*.

Valant. (3) Que je *vaille*, que tu *vailles*, qu'il *vaille*, que nous valions, que vous valiez, qu'ils *vaillent*.

Voulant. Que je *veuille*, que tu *veuilles*, qu'il *veuille*, que nous voulions, que vous vouliez, qu'ils *veuillent*.

Buvant. Que je *boive*, que tu *boives*, qu'il *boive*, que nous buvions, que vous buviez, qu'ils *boivent*.

---

(1) La première et la deuxième personne du pluriel sont presque toujours régulières.

(2) Participe présent inusité.

(3) *Prévaloir* est régulier : que je *prévale*.

Faisant. Que je *fasse*, que tu *fasses*, qu'il *fasse*, que nous *fassions*, que vous *fassiez*, qu'ils *fassent*.

Prenant. Que je *prenne*, que tu *prennes*, qu'il *prenne*, que nous prenions, que vous preniez, qu'ils *prennent*. (1)

CIV. — Faire remarquer aux élèves la différence des mots suivants : *équivalent* et *équivalant*, *fabricant* et *fabriquant*, *fatigant* et *fatiguant*, *exigent* et *exigeant*, *intrigant* et *intriguant*, *différent* et *différant*, *affluent* et *affluant*, *résident* et *résidant*, *président* et *présidant*, *adhérent* et *adhérant*, *excellent* et *excellant*, *violent* et *violant*, *vacant* et *vaquant*, *suffocant* et *suffoquant*, *convaincant* et *convainquant*.

(2) Bien des participes présents sont employés comme noms : les *allants*, les *combattants*, les *aboutissants*, les *tenants*, les *appelants*, les *passants*, les *revenants*, les *médisants*, les *volants*, les *fondants*, les *vivants*, les *mourants*, etc. De même pour les participes passés : les *allées* et *venues*, les *maudits*, les *bénis*, les *damnés*, les *élus*, les *appelés*, un *reçu*, les *réprouvés*, le *péché*, un *réduit*, un *enduit*, un *conduit*, les *morts*, les *pendus*, etc.

---

(1) Presque toujours le présent du subjonctif qui ne dérive pas du participe présent se forme du présent de l'indicatif, tels sont : que j'*acquière*, *meure*, *tienne*, *vienne*, *meuve*, *puisse*, *veuille*, *boive*, *prenne*, etc.

(2) Exercer de vive voix les élèves sur les irrégularités ci-dessus sans s'attacher outre mesure à celles qui sont peu usitées et que, nous-mêmes qui professons, nous oublions tous les ans.

133. — Le participe passé forme tous les temps composés à l'aide du verbe *avoir* ou du verbe *être*.

Il faut donc avoir soin de ne jamais mettre le verbe à l'infinitif ni à l'imparfait après un auxiliaire. (1)

Des Verbes défectifs.

134. — On appelle verbes *défectifs*, des verbes auxquels manquent certains temps ou certaines personnes. Quand un temps primitif manque, tous les temps qui en dérivent manquent aussi, excepté : *déchoir* et *falloir*, qui n'ont pas de participe présent et en ont les dérivés. *Choir, ravoir, malfaire*, n'ont que l'infinitif.

Gésir, participe présent *gisant*, et ses dérivés. On dit également au présent de l'affirmatif : il *gît*.

Luire et *reluire, absoudre, dissoudre, traire* et ses composés, n'ont point de passé défini ni d'imparfait du subjonctif.

Braire n'a que les personnes et les temps suivants : présent de l'affirmatif, il *brait*, ils *braient*; futur, il *braira*, ils *brairont*.

Bruire, bruyant, n'a que les trois personnes suivantes : présent de l'affirmatif, il *bruit*; imparfait, il *bruyait*, ils *bruyaient*.

---

(1) On dit pourtant : C'est se tromper soi-même, que de vouloir tromper Dieu. Quand *être* a le sens d'*aller* il veut encore le second verbe à l'infinitif.

Clore, présent de l'affirmatif : je *clos*, tu *clos*, il *clôt* (pas du pluriel); futur : je *clorai*, tu *cloras*, il *clora* (sans pluriel) ; passé : *clos* et ses dérivés.

Éclore n'a ni participe présent, ni passé défini. Présent de l'affirmatif : il *éclot*, (1) ils *éclosent*; futur : il *éclora*, ils *écloront*; conditionnel : il *éclorait*, ils *écloraient*; présent du subjonctif : qu'il *éclose*, qu'ils *éclosent*; participe passé : *éclos* et ses dérivés. Les autres temps manquent.

Frire ; présent de l'affirmatif : je *fris*, tu *fris*, il *frit*; futur : je *frirai*, tu *friras*, il *frira*; participe passé : *frit* et ses dérivés. Les autres temps manquent.

Ouïr ; participe passé : *ouï* ; passé défini : j'*ouïs*. N'est guère usité qu'aux temps composés.

Paître ; participe présent : *paissant* ; présent de l'affirmatif : je *pais*. Le participe passé et le passé défini manquent ainsi que leurs dérivés.

Poindre ; il *point*, il *poindra*.

Renaître, *revivre*, *se mourir* n'ont que les temps simples.

Dans le tableau ci-joint, nous avons disposé chaque temps simple à côté du temps composé qu'il aide à former. Cette disposition permet au maître d'expliquer facilement la formation des temps composés.

---

(1) Ou *éclôt*, suivant Bénard.

135 —   Verbe **Avoir**.

MODE AFFIRMATIF.

PRÉSENT.	PASSÉ INDÉFINI.
J'ai	J'ai eu
Tu as	Tu as eu
Il a	Il a eu
Nous avons	Nous avons eu
Vous avez	Vous avez eu
Ils ont	Ils ont eu

IMPARFAIT.	PLUS-QUE-PARFAIT.
J'avais	J'avais eu
Tu avais	Tu avais eu
Il avait	Il avait eu
Nous avions	Nous avions eu
Vous aviez	Vous aviez eu
Ils avaient	Ils avaient eu

PASSÉ DÉFINI.	PASSÉ ANTÉRIEUR.
J'eus	J'eus eu
Tu eus	Tu eus eu
Il eut	Il eut eu
Nous eûmes	Nous eûmes eu
Vous eûtes	Vous eûtes eu
Ils eurent	Ils eurent eu

FUTUR.	FUTUR ANTÉRIEUR.
J'aurai	J'aurai eu
Tu auras	Tu auras eu
Il aura	Il aura eu
Nous aurons	Nous aurons eu
Vous aurez	Vous aurez eu
Ils auront	Ils auront eu

MODE CONDITIONNEL.

PRÉSENT.	PASSÉ.
J'aurais	J'aurais *ou* j'eusse eu
Tu aurais	Tu aurais *ou* tu eusses eu
Il aurait	Il aurait *ou* il eût eu
Nous aurions	Ns aurions *ou* ns eussions eu
Vous auriez	Vs auriez *ou* vs eussiez eu
Ils auraient	Ils auraient *ou* ils eussent eu

MODE IMPÉRATIF.

PRÉSENT OU FUTUR.	PASSÉ.
Aie	(inusité).
Ayons	
Ayez	

MODE SUBJONCTIF.

PRÉSENT OU FUTUR.	PASSÉ.
Que j'aie	Que j'aie eu
Que tu aies	Que tu aies eu
Qu'il ait	Qu'il ait eu
Que nous ayons	Que nous ayons eu
Que vous ayez	Que vous ayez eu
Qu'ils aient	Qu'ils aient eu

IMPARFAIT.	PLUS-QUE-PARFAIT.
Que j'eusse	Que j'eusse eu
Que tu eusses	Que tu eusses eu
Qu'il eût	Qu'il eût eu
Que nous eussions	Que nous eussions eu
Que vous eussiez	Que vous eussiez eu
Qu'ils eussent	Qu'ils eussent eu

MODE INFINITIF.

PRÉSENT.	PASSÉ.
Avoir	Avoir eu
PARTICIPE PRÉSENT.	**PARTICIPE PASSÉ.**
Ayant	Eu, ayant eu

136. — Liste des participes passés irréguliers et des auxiliaires qu'ils prennent.

Avec **Avoir**

Acquérir	acquis	Faire	fait
Courir	couru	Lire	lu
Fuir	fui	Mettre	mis
Offrir	offert	Dire	dit
Ouvrir	ouvert	Écrire	écrit
Tenir	tenu	Moudre	moulu
Vêtir	vêtu	Nuire	nui
Falloir	fallu	Paraître	paru
Mouvoir	mû (1)	Plaire	plu
Pleuvoir	plu	Prendre	pris
Pourvoir	pourvu	Résoudre	résolu
Pouvoir	pu	Rire	ri
Prévaloir	prévalu	Réduire	réduit
Savoir	su	Rompre	rompu
Surseoir	sursis	Suffire	suffi
Valoir	valu	Suivre	suivi
Voir	vu	Taire	tû
Vouloir	voulu	Teindre	teint
Confire	confit	Traire	trait
Coudre	cousu	Vaincre	vaincu
Croire	cru	Vivre	vécu
Croître	crû		

(1) *Émouvoir* et *promouvoir*, font *ému* et *promu* sans accent.

Avec Être

Aller	allé	Éclore	éclos
Venir	venu	Sortir	sorti
Clore	clos	Partir	parti
Naître	né	Repaître	repu
Mourir	mort	Seoir	sis
Échoir	échu	Frire	frit

En somme, les verbes actifs prennent l'auxiliaire *avoir*, les verbes pronominaux et les verbes passifs prennent l'auxiliaire être.

Les verbes neutres prennent les uns *être*, les autres *avoir*, et d'autres prennent *avoir* pour marquer une action et *être* pour marquer un état. Ex. : *J'ai* monté l'escalier rapidement, et je *suis* monté depuis une heure.

---

137 — Verbe Être.   Verbe **Passif**. (1)

MODE AFFIRMATIF.

PRÉSENT.

Je suis	Je suis aimé
Tu es	Tu es aimé
Il est	Il est aimé
Nous sommes	Nous sommes aimés
Vous êtes	Vous êtes aimés
Ils sont	Ils sont aimés

---

(1) Rappeler que le verbe passif n'est que le verbe *être* suivi d'un participe actif. On dit cependant : *Elle est obéie*, quoique *obéir* soit neutre.

5

IMPARFAIT.

J'étais	J'étais aimé
Tu étais	Tu étais aimé
Il était	Il était aimé
Nous étions	Nous étions aimés
Vous étiez	Vous étiez aimés
Ils étaient	Ils étaient aimés

PASSÉ DÉFINI.

Je fus	Je fus aimé
Tu fus	Tu fus aimé
Il fut	Il fut aimé
Nous fûmes	Nous fûmes aimés
Vous fûtes	Vous fûtes aimés
Ils furent	Ils furent aimés

PASSÉ INDÉFINI.

J'ai été	J'ai été aimé
Tu as été	Tu as été aimé
Il a été	Il a été aimé
Nous avons été	Nous avons été aimés
Vous avez été	Vous avez été aimés
Ils ont été	Ils ont été aimés

PLUS-QUE-PARFAIT.

J'avais été	J'avais été aimé
Tu avais été	Tu avais été aimé
Il avait été	Il avait été aimé
Nous avions été	Nous avions été aimés
Vous aviez été	Vous aviez été aimés
Ils avaient été	Ils avaient été aimés

PASSÉ ANTÉRIEUR.

J'eus été	J'eus été aimé
Tu eus été	Tu eus été aimé
Il eut été	Il eut été aimé
Nous eûmes été	Nous eûmes été aimés
Vous eûtes été	Vous eûtes été aimés
Ils eurent été	Ils eurent été aimés

FUTUR SIMPLE.

Je serai	Je serai aimé
Tu seras	Tu seras aimé
Il sera	Il sera aimé
Nous serons	Nous serons aimés
Vous serez	Vous serez aimés
Ils seront	Ils seront aimés

FUTUR ANTÉRIEUR.

J'aurai été	J'aurai été aimé
Tu auras été	Tu auras été aimé
Il aura été	Il aura été aimé
Nous aurons été	Nous aurons été aimés
Vous aurez été	Vous aurez été aimés
Ils auront été	Ils auront été aimés

MODE CONDITIONNEL.

PRÉSENT OU FUTUR.

Je serais	Je serais aimé
Tu serais	Tu serais aimé
Il serait	Il serait aimé
Nous serions	Nous serions aimés
Vous seriez	Vous seriez aimés
Ils seraient	Ils seraient aimés

PASSÉ.

J'aurais ou j'eusse été	J'aurais ou j'eusse été aimé
Tu aurais ou tu eusses été	Tu aurais ou tu eusses été aimé
Il aurait ou il eût été	Il aurait ou il eût été aimé
Ns aurions ou ns eussions été	Ns aurions ou ns eussions été aimés
Vs auriez ou vs eussiez été	Vs auriez ou vs eussiez été aimés
Ils auraient ou ils eussent été	Ils auraient ou ils eussent été aimés

MODE IMPÉRATIF.

PRÉSENT OU FUTUR.

Sois	Sois aimé
Soyons	Soyons aimés
Soyez	Soyez aimés

MODE SUBJONCTIF.

PRÉSENT OU FUTUR ACTUEL.

Que je sois	Que je sois aimé
Que tu sois	Que tu sois aimé
Qu'il soit	Qu'il soit aimé
Que nous soyons	Que nous soyons aimés
Que vous soyez	Que vous soyez aimés
Qu'ils soient	Qu'ils soient aimés

IMPARFAIT.

Que je fusse	Que je fusse aimé
Que tu fusses	Que tu fusses aimé
Qu'il fût	Qu'il fût aimé
Que nous fussions	Que nous fussions aimés
Que vous fussiez	Que vous fussiez aimés
Qu'ils fussent	Qu'ils fussent aimés

PASSÉ.

Que j'aie été	Que j'aie été aimé
Que tu aies été	Que tu aies été aimé
Qu'il ait été	Qu'il ait été aimé
Que nous ayons été	Que nous ayons été aimés
Que vous ayez été	Que vous ayez été aimés
Qu'ils aient été	Qu'ils aient été aimés

PLUS-QUE-PARFAIT.

Que j'eusse été	Que j'eusse été aimé
Que tu eusses été	Que tu eusses été aimé
Qu'il eût été	Qu'il eût été aimé
Que nous eussions été	Que n^s eussions été aimés
Que vous eussiez été	Que v^s eussiez été aimés
Qu'ils eussent été	Qu'ils eussent été aimés

MODE INFINITIF.

PRÉSENT.

Être	Être aimé

PASSÉ.

Avoir été	Avoir été aimé

PARTICIPE PRÉSENT.

Étant	Étant aimé

PARTICIPE PASSÉ.

Été	Été aimé

138 —   Verbe **Aimer** ; 1re conjugaison. (1)

MODE AFFIRMATIF.

Forme active.	*Forme pronominale.*
PRÉSENT.	
J'aime	Je m'aime
Tu aimes	Tu t'aimes
Il aime	Il s'aime
Nous aimons	Nous nous aimons
Vous aimez	Vous vous aimez
Ils aiment	Ils s'aiment
IMPARFAIT.	
J'aimais	Je m'aimais
Tu aimais	Tu t'aimais
Il aimait	Il s'aimait
Nous aimions	Nous nous aimions
Vous aimiez	Vous vous aimiez
Ils aimaient	Ils s'aimaient
PASSÉ DÉFINI.	
J'aimai	Je m'aimai
Tu aimas	Tu t'aimas
Il aima	Il s'aima
Nous aimâmes	Nous nous aimâmes
Vous aimâtes	Vous vous aimâtes
Ils aimèrent	Ils s'aimèrent

(1) Faire conjuguer de vive voix par deux élèves, un verbe,
aux deux formes active et pronominale.

PASSÉ INDÉFINI.

J'ai aimé	Je me suis aimé
Tu as aimé	Tu t'es aimé
Il a aimé	Il s'est aimé
Nous avons aimé	Nous ns sommes aimés
Vous avez aimé	Vous vs êtes aimés
Ils ont aimé	Ils se sont aimés

PLUS-QUE-PARFAIT.

J'avais aimé	Je m'étais aimé
Tu avais aimé	Tu t'étais aimé
Il avait aimé	Il s'était aimé
Nous avions aimé	Nous ns étions aimés
Vous aviez aimé	Vous vs étiez aimés
Ils avaient aimé	Ils s'étaient aimés

PASSÉ ANTÉRIEUR.

J'eus aimé	Je me fus aimé
Tu eus aimé	Tu te fus aimé
Il eut aimé	Il se fut aimé
Nous eûmes aimé	Nous ns fûmes aimés
Vous eûtes aimé	Vous vs fûtes aimés
Ils eurent aimé	Ils se furent aimés

FUTUR.

J'aimerai	Je m'aimerai
Tu aimeras	Tu t'aimeras
Il aimera	Il s'aimera
Nous aimerons	Nous nous aimerons
Vous aimerez	Vous vous aimerez
Ils aimeront	Ils s'aimeront

FUTUR ANTÉRIEUR.

J'aurai aimé	Je me serai aimé
Tu auras aimé	Tu te seras aimé
Il aura aimé	Il se sera aimé
Nous aurons aimé	Nous nous serons aimés
Vous aurez aimé	Vous vous serez aimés
Ils auront aimé	Ils se seront aimés

MODE CONDITIONNEL.

PRÉSENT OU FUTUR.

J'aimerais	Je m'aimerais
Tu aimerais	Tu t'aimerais
Il aimerait	Il s'aimerait
Nous aimerions	Nous nous aimerions
Vous aimeriez	Vous vous aimeriez
Ils aimeraient	Ils s'aimeraient

PASSÉ.

J'aurais *ou* j'eusse aimé	Je me serais *ou* je me fusse aimé
Tu aurais *ou* tu eusses aimé	Tu te serais *ou* tu te fusses aimé
Il aurait *ou* il eût aimé	Il se serait *ou* il se fût aimé
Ns aurions *ou* ns eussions aimé	Ns ns serions *ou* ns ns fussions aimés
Vs auriez *ou* vs eussiez aimé	Vs vs seriez *ou* vs vs fussiez aimés
Ils auraient *ou* ils eussent aimé	Ils se seraient *ou* ils se fussent aimés

MODE IMPÉRATIF.

PRÉSENT OU FUTUR.

Aime	Aime-toi
Aimons	Aimons-nous
Aimez	Aimez-vous

MODE SUBJONCTIF.

PRÉSENT OU FUTUR.

Que j'aime	Que je m'aime
Que tu aimes	Que tu t'aimes
Qu'il aime	Qu'il s'aime
Que nous aimions	Que nous nous aimions
Que vous aimiez	Que vous vous aimiez
Qu'ils aiment	Qu'ils s'aiment

PASSÉ.

Que j'aie aimé	Que je me sois aimé
Que tu aies aimé	Que tu te sois aimé
Qu'il ait aimé	Qu'il se soit aimé
Que nous ayons aimé	Que ns ns soyons aimés
Que vous ayez aimé	Que vs vs soyez aimés
Qu'ils aient aimé	Qu'ils se soient aimés

IMPARFAIT.

Que j'aimasse	Que je m'aimasse
Que tu aimasses	Que tu t'aimasses
Qu'il aimât	Qu'il s'aimât
Que nous aimassions	Que nous ns aimassions
Que vous aimassiez	Que vous vs aimassiez
Qu'ils aimassent	Qu'ils s'aimassent

PLUS-QUE-PARFAIT.

Que j'eusse aimé	Que je me fusse aimé
Que tu eusses aimé	Que tu te fusses aimé
Qu'il eût aimé	Qu'il se fût aimé
Que ns eussions aimé	Que nous ns fussions aimés
Que vs eussiez aimé	Que vous vs fussiez aimés
Qu'ils eussent aimé	Qu'ils se fussent aimés

5 *

MODE INFINITIF.

PRÉSENT.

Aimer	S'aimer

PASSÉ.

Avoir aimé	S'être aimé

PARTICIPE PRÉSENT.

Aimant	S'aimant

PARTICIPE PASSÉ.

Aimé, ayant aimé	S'étant aimé

Conjuguez de même *aller* et *s'en aller*, en faisant observer que *s'en aller* veut le pronom *en* avant l'auxiliaire. Ex.: Je m'*en* suis allé, et non je me suis *en* allé.

---

139 — Verbe **Finir**; 2me conjugaison.

MODE AFFIRMATIF.

PRÉSENT.	PASSÉ DÉFINI.
Je finis	Je finis
Tu finis	Tu finis
Il finit	Il finit
Nous finissons	Nous finîmes
Vous finissez	Vous finîtes
Ils finissent	Ils finirent

IMPARFAIT.	PASSÉ INDÉFINI.
Je finissais	J'ai fini
Tu finissais	Tu as fini
Il finissait	Il a fini
Nous finissions	Nous avons fini
Vous finissiez	Vous avez fini
Ils finissaient	Ils ont fini

PLUS-QUE-PARFAIT.

J'avais fini
Tu avais fini
Il avait fini
Nous avions fini
Vous aviez fini
Ils avaient fini

PASSÉ ANTÉRIEUR.

J'eus fini
Tu eus fini
Il eut fini
Nous eûmes fini
Vous eûtes fini
Ils eurent fini

FUTUR.

Je finirai
Tu finiras
Il finira
Nous finirons
Vous finirez
Ils finiront

FUTUR ANTÉRIEUR.

J'aurai fini
Tu auras fini
Il aura fini
Nous aurons fini
Vous aurez fini
Ils auront fini

MODE CONDITIONNEL.

PRÉSENT OU FUTUR.

Je finirais
Tu finirais
Il finirait
Nous finirions
Vous finiriez
Ils finiraient

PASSÉ.

J'aurais *ou* j'eusse fini
Tu aurais *ou* tu eusses fini
Il aurait *ou* il eût fini
Ns aurions *ou* ns eussions fini
Vs auriez *ou* vs eussiez fini
Ils auraient *ou* ils eussent fini

MODE IMPÉRATIF.

PRÉSENT OU FUTUR.

Finis
Finissons
Finissez

PASSÉ.

Aie fini
Ayons fini
Ayez fini

MODE SUBJONCTIF.

PRÉSENT OU FUTUR.

Que je finisse
Que tu finisses
Qu'il finisse
Que nous finissions
Que vous finissiez
Qu'ils finissent

IMPARFAIT.

Que je finisse
Que tu finisses
Qu'il finît
Que nous finissions
Que vous finissiez
Qu'ils finissent

PASSÉ.

Que j'aie fini
Que tu aies fini
Qu'il ait fini
Que nous ayons fini
Que vous ayez fini
Qu'ils aient fini

PLUS-QUE-PARFAIT.

Que j'eusse fini
Que tu eusses fini
Qu'il eût fini
Que nous eussions fini
Que vous eussiez fini
Qu'ils eussent fini

MODE INFINITIF.

PRÉSENT.

Finir

PASSÉ.

Avoir fini

PARTICIPE PRÉSENT.

Finissant

PASSÉ.

Fini , ayant fini

140 —   Verbe **Recevoir**: 3me conjugaison. (1)

MODE AFFIRMATIF.

PRÉSENT.

Je reçois
Tu reçois
Il reçoit
Nous recevons
Vous recevez
Ils reçoivent

IMPARFAIT.

Je recevais
Tu recevais
Il recevait
Nous recevions
Vous receviez
Ils recevaient

PASSÉ DÉFINI.

Je reçus
Tu reçus
Il reçut
Nous reçûmes
Vous reçûtes
Ils reçurent

PASSÉ INDÉFINI.

J'ai reçu
Tu as reçu
Il a reçu
Nous avons reçu
Vous avez reçu
Ils ont reçu

PLUS-QUE-PARFAIT.

J'avais reçu
Tu avais reçu
Il avait reçu
Nous avions reçu
Vous aviez reçu
Ils avaient reçu

PASSÉ ANTÉRIEUR.

J'eus reçu
Tu eus reçu
Il eut reçu
Nous eûmes reçu
Vous eûtes reçu
Ils eurent reçu

(1) Presque tous les verbes en *oir* sont irréguliers, et l'on se demande pourquoi cette troisième conjugaison.

FUTUR.

Je recevrai
Tu recevras
Il recevra
Nous recevrons
Vous recevrez
Ils recevront

FUTUR ANTÉRIEUR.

J'aurai reçu
Tu auras reçu
Il aura reçu
Nous aurons reçu
Vous aurez reçu
Ils auront reçu

MODE CONDITIONNEL.

PRÉSENT OU FUTUR.

Je recevrais
Tu recevrais
Il recevrait
Nous recevrions
Vous recevriez
Ils recevraient

PASSÉ.

J'aurais *ou* j'eusse reçu
Tu aurais *ou* tu eusses reçu
Il aurait *ou* il eût reçu
Ns aurions *ou* ns eussions reçu
Vs auriez *ou* vs eussiez reçu
Ils auraient *ou* ils eussent reçu

MODE IMPÉRATIF.

PRÉSENT OU FUTUR.

Reçois
Recevons
Recevez

PASSÉ.

Aie reçu
Ayons reçu
Ayez reçu

MODE SUBJONCTIF.

PRÉSENT OU FUTUR.

Que je reçoive
Que tu reçoives
Qu'il reçoive
Que nous recevions
Que vous receviez
Qu'ils reçoivent

IMPARFAIT.

Que je reçusse
Que tu reçusses
Qu'il reçût
Que nous reçussions
Que vous reçussiez
Qu'ils reçussent

PASSÉ.	MODE INFINITIF.
Que j'aie reçu	PRÉSENT.
Que tu aies reçu	
Qu'il ait reçu	Recevoir
Que nous ayons reçu	
Que vous ayez reçu	PASSÉ.
Qu'ils aient reçu	
	Avoir reçu
PLUS-QUE-PARFAIT.	
Que j'eusse reçu	PARTICIPE PRÉSENT.
Que tu eusses reçu	
Qu'il eût reçu	Recevant
Que nous eussions reçu	
Que vous eussiez reçu	PASSÉ.
Qu'ils eussent reçu	
	Reçu, ayant reçu

141 —   Verbes **Rendre** et **Craindre :** (1)

4me Conjugaison.

MODE AFFIRMATIF.

PRÉSENT.

Je rends	Je crains
Tu rends	Tu crains
Il rend	Il craint
Nous rendons	Nous craignons
Vous rendez	Vous craignez
Ils rendent	Ils craignent

(2) Faire remarquer les différences et les ressemblances de ces deux verbes.

IMPARFAIT.

Je rendais	Je craignais
Tu rendais	Tu craignais
Il rendait	Il craignait
Nous rendions	Nous craignions
Vous rendiez	Vous craigniez
Ils rendaient	Ils craignaient

PASSÉ DÉFINI.

Je rendis	Je craignis
Tu rendis	Tu craignis
Il rendit	Il craignit
Nous rendîmes	Nous craignîmes
Vous rendîtes	Vous craignîtes
Ils rendirent	Ils craignirent

PASSÉ INDÉFINI.

J'ai rendu	J'ai craint
Tu as rendu	Tu as craint
Il a rendu	Il a craint
Nous avons rendu	Nous avons craint
Vous avez rendu	Vous avez craint
Ils ont rendu	Ils ont craint

PLUS-QUE-PARFAIT.

J'avais rendu	J'avais craint
Tu avais rendu	Tu avais craint
Il avait rendu	Il avait craint
Nous avions rendu	Nous avions craint
Vous aviez rendu	Vous aviez craint
Ils avaient rendu	Ils avaient craint

PASSÉ ANTÉRIEUR.

J'eus rendu	J'eus craint
Tu eus rendu	Tu eus craint
Il eut rendu	Il eut craint
Nous eûmes rendu	Nous eûmes craint
Vous eûtes rendu	Vous eûtes craint
Ils eurent rendu	Ils eurent craint

FUTUR.

Je rendrai	Je craindrai
Tu rendras	Tu craindras
Il rendra	Il craindra
Nous rendrons	Nous craindrons
Vous rendrez	Vous craindrez
Ils rendront	Ils craindront

FUTUR ANTÉRIEUR.

J'aurai rendu	J'aurai craint
Tu auras rendu	Tu auras craint
Il aura rendu	Il aura craint
Nous aurons rendu	Nous aurons craint
Vous aurez rendu	Vous aurez craint
Ils auront rendu	Ils auront craint

MODE CONDITIONNEL.

PRÉSENT OU FUTUR.

Je rendrais	Je craindrais
Tu rendrais	Tu craindrais
Il rendrait	Il craindrait
Nous rendrions	Nous craindrions
Vous rendriez	Vous craindriez
Ils rendraient	Ils craindraient

PASSÉ.

J'aurais *ou* j'eusse rendu	J'aurai *ou* j'eusse craint
Tu aurais *ou* tu eusses rendu	Tu aurais *ou* tu eusses craint
Il aurait *ou* il eût rendu	Il aurait *ou* il eût craint
Ns aurions *ou* ns eussions rendu	Ns aurions *ou* ns eussions craint
Vs auriez *ou* vs eussiez rendu	Vs auriez *ou* vs eussiez craint
Ils auraient *ou* ils eussent rendu	Ils auraient *ou* ils eussent craint

MODE IMPÉRATIF.
PRÉSENT OU FUTUR.

Rends	Crains
Rendons	Craignons
Rendez	Craignez

PASSÉ.

Aie rendu	Aie craint
Ayons rendu	Ayons craint
Ayez rendu	Ayez craint

MODE SUBJONCTIF.
PRÉSENT OU FUTUR.

Que je rende	Que je craigne
Que tu rendes	Que tu craignes
Qu'il rende	Qu'il craigne
Que nous rendions	Que nous craignions
Que vous rendiez	Que vous craigniez
Qu'ils rendent	Qu'ils craignent

IMPARFAIT.

Que je rendisse	Que je craignisse
Que tu rendisses	Que tu craignisses
Qu'il rendît	Qu'il craignît
Que nous rendissions	Que nous craignissions
Que vous rendissiez	Que vous craignissiez
Qu'ils rendissent	Qu'ils craignissent

PASSÉ.

Que j'aie rendu	Que j'aie craint
Que tu aies rendu	Que tu aies craint
Qu'il ait rendu	Qu'il ait craint
Que nous ayons rendu	Que nous ayons craint
Que vous ayez rendu	Que vous ayez craint
Qu'ils aient rendu	Qu'ils aient craint

PLUS-QUE-PARFAIT.

Que j'eusse rendu	Que j'eusse craint
Que tu eusses rendu	Que tu eusses craint
Qu'il eût rendu	Qu'il eût craint
Que nous eussions rendu	Que nous eussions craint
Que vous eussiez rendu	Que vous eussiez craint
Qu'ils eussent rendu	Qu'ils eussent craint

MODE INFINITIF.

PRÉSENT.

Rendre	Craindre

PASSÉ.

Avoir rendu	Avoir craint

PARTICIPE PRÉSENT.

Rendant	Craignant

PASSÉ.

Rendu, ayant rendu	Craint, ayant craint

Des Participes.

142. — On appelle participes (A) deux temps du verbe qui s'emploient quelquefois comme adjectifs.

Il y a deux sortes de participes : le participe présent et le participe passé.

Donner le participe présent et le participe passé des numéros XCIV et 129.

Du Participe présent et de l'Adjectif verbal.

Le participe présent est une forme verbale en ant qui marque une action instantanée et généralement passagère (B); il est toujours invariable. On reconnaît qu'un mot est participe présent, quand il a un complément direct, ou qu'il vient d'un verbe pronominal, (1) ou qu'il est précédé de *en*, ou qu'il est négatif, ou qu'il est

---

(A) *Participe* veut dire qui a *part à*, qui *tient de la nature de*. Le participe est ainsi nommé parce qu'il tient du verbe en ce qu'il en a le complément, et de l'adjectif en ce qu'il s'accorde d'ordinaire en genre et en nombre avec le mot auquel il se rapporte.

(B) Tout le monde manie une lime dans sa vie, le serrurier la manie presque tous les jours; le premier fait une action, le serrurier exerce un état. Il en est de même du participe présent et de l'adjectif verbal.

(1) On trouve à la fin des vers, bien des accords même en ce cas, mais il faut les mettre au compte des licences permises ou de l'euphonie, ajoûte Bescher.

suivi d'un adverbe ou d'un complément de temps, de lieu ou de manière. (1)

Ex.: C'est en *respectant* les autres qu'on se fait respecter. L'égoïste, *n'aimant* que soi, n'est aimé de personne.

Quand le participe présent est employé comme adjectif, il se nomme *adjectif verbal*.

143. L'adjectif verbal marque la qualité, la manière d'être, l'état habituel des personnes ou des choses.

Le participe présent devient adjectif verbal : 1o Quand il est précédé du verbe *être* ou d'un verbe à *attribut;* 2o quand il se rapporte au même mot que d'autres adjectifs ; 3o quand il est précédé d'un adverbe ou d'un complément de temps, de lieu ou de manière.

Ex.: Dieu veut que nous soyons *reconnaissants.* — Il aime les cœurs *compatissants* et miséricordieux. — Des monuments encore *subsistants*, au temps de l'empereur Tibère, attestaient les exploits de Sésostris.

L'adjectif verbal peut généralement se remplacer par un autre adjectif.

Nota. On écrit des *ayants* cause, des *ayants* droit. Une terre *aboutissante* à (Acad.) Une demande *tendante* à.

Appliquer les regles.

CV. — *Sentant* son cœur faillir, Jeanne baissa la tête et se prit à pleurer! — Elle ne reverra plus ses *riantes* montagnes, ni son père *expirant* sous le poids des douleurs. — Jeanne encore *menaçante* montre aux

____

(1) Nous disons généralement, car s'il exprimait manifestement un état, il serait adjectif verbal et devrait s'accorder devant le complément. Nous avons vu des troupeaux *errants* dans les prairies, des chasseurs *errant* dans la plaine en quête de gibier.

Anglais son bras à demi consumé! — Sa voix *expirante* murmure encore : O France! ô mon roi bien-aimé!! (1) — La vue du Ciel rend légères les croix les plus *pesantes*. — Les sots sont un peuple nombreux *trouvant* toutes choses faciles. (2) — Pourquoi t'incliner *languissante* pauvre fleur! Que veux-tu? Est-ce une brise *caressante?* — Des essaims *bourdonnants* d'abeilles allaient pomper le miel au sein des fleurs. — Un cœur *bienfaisant* a toujours de quoi donner, l'avare n'a jamais rien. — Le ton de la bonne conversation est *coulant* et naturel. (3) — J'ai toujours vu ceux qui voyageaient dans de bonnes voitures bien douces, rêveurs, tristes, *grondants* et *souffrants*. (4) — Ces gens si *riants*, si ouverts, si sereins dans un cercle, sont presque tous tristes et grondeurs chez eux. (5)

> » Paris est plein de ces petits bouts d'homme
> » Vains, fiers, sots, dont le caquet m'assomme
> » *Parlant* de tout avec l'air *empressé;*
> » Et se *moquant* toujours du temps passé. (6)

Du Participe passé.

144. — Le participe passé s'emploie aussi tantôt comme verbe : J'ai *instruit* ces enfants. Tantôt comme adjectif : Voilà des enfants *instruits*.

Le participe employé sans auxiliaire s'accorde comme l'adjectif, en genre et en nombre avec le mot auquel il se rapporte.

---

(1) Casimir Delavigne. — (2) Florian. — (3) J. J. Rousseau. (4) Id. — (5) Id. — (6) Voltaire.

Ex.: A tous les cœurs bien *nés*, que la patrie est chère!

145. — *Nés* s'accorde avec *cœurs*.

Approuvé, accordé, attendu, donné, certifié, colla-tionné, entendu, excepté, ouï, passé, reçu, supposé, vu, etc., placés au commencement d'une phrase sont inva-riables. Ex. : *Reçu* la somme de deux cents francs. *Ci-inclus, ci-joint*, au commencement d'une phrase, sont aussi invariables. Ex.: *Ci-joint* les pièces réclamées.

Dans le corps d'une phrase, ils s'accordent si le nom est précédé de l'article; sinon ils restent invariables. Ex.: Vous trouverez *ci-jointe* la copie de la lettre que vous m'avez demandée. — Vous trouverez *ci-joint* copie de la lettre réclamée.

Y *compris, non compris* sont invariables devant le mot auquel ils se rapportent. Ex : Y *compris* cette somme. Cette somme *non comprise*.

CVI. — Expliquer les participes présents et les participes passés.

Excepté la vertu, rien ne vaut pour le Ciel. — Une famille fondé... sur l'aumône ne périra jamais. — Des bienfaits *reproché*... sont des bienfaits perdu... — Le bon sens et la vertu *excepté*..., rien n'est estimable ici-bas. (1)

  » En vain *fuyant* aux cieux l'eau sur ses rocs *venu*...
  » L'aigle tombe des airs, *repoussé*... par la nue;
  » Le péril confondit tous les êtres *tremblants* :
  » L'homme seul se livrait à des projets *sanglants*. (2)

---

(1) D'après Fénelon. — (2) Alf. de Vigny (déluge).

Vu... l'humaine faiblesse, plus il y a de maîtres, plus il se fait de sottises. (1) — *Vu*... de la terre, la lune nous paraît aussi grosse que le soleil. — Vous trouverez ci-*inclus*... les lettres *demandé*... *Ci-joint* les pièces du procès. — Vous trouverez *ci-joint*... copie de la délibération qui vous concerne... — Cette personne généreuse donne tous les ans 2000 francs aux pauvres, *non compris* les aumônes qu'elle distribue en nature. — J'ai écrit douze lettres, celle-ci *non-compris*... Un frère est un ami *donné* par la nature (2)

146. — Le participe passé, précédé du verbe être, s'accorde en genre et en nombre avec le sujet, même quand il en est suivi. Ex.: Une mauvaise habitude n'est *surmontée* que par une habitude contraire. — *Surmontée* s'accorde avec le sujet *habitude*.

CVII. — Expliquer les participes passés.

Les enfants qui sont *elevé* avec excès de bonté ne seront jamais des hommes. — Les flatteurs sont *méprisé* de tout le monde. — Au dernier jour, les titres et les dignités ne seront *compté* pour rien; nous en serons *dépouillé* devant Jésus-Christ. (3) — Une âme *dissipé* est aussi *exposé* qu'un trésor qui n'est pas *gardé*. — Si la vertu et la vérité étaient *banni* du reste de la terre, elles devraient toujours se trouver dans la bouche des rois. (4) — La maison des méchants sera *détruit*, mais les tentes des justes seront *florissant*. (5)

CVIII. — Le travail doit être *divisé* pour être fécond.

---

(1) Boiste. — (2) Legouvé. — (3) Massillon. — (4) Boiste. — (5) Prov. XIV.

Considérons par exemple, les cartes à jouer. Certains ouvriers sont *occupé* à fabriquer le papier, d'autres les couleurs. Mais comment se trouvent *employé* ces matières? Les aspérités du papier sont *épluché* par les uns, tandis que les feuilles sont *collé* ensemble, trois à trois et *mis* en presse par d'autres; puis par d'autres encore est *colorié* le côté destiné à former le dos des cartes, par d'autres est *imprimé* en noir le dessin des figures, par d'autres sont *appliqué* à ces figures les couleurs convenables, tandis que d'autres sont *chargé* du séchage des cartons dès qu'ils sont *imprimé*, que d'autres se voient *occupé* à les lisser, d'autres à les couper, d'autres à les assembler par jeux. Les enveloppes des jeux sont *imprimé* ici; les jeux sont *empaqueté* là. Bref, les cartes seraient, dit-on, *soumis* à 64 opérations différentes.

15500 cartes sont *produit* en moyenne chaque jour, par 30 ouvriers *réuni*; s'ils étaient *séparé,* ils feraient à peine 60 cartes. C'est ainsi que la production est *accru* par le fait de la division du travail. Supposez que ces 30 ouvriers gagnent chacun 2 francs par jour; s'ils travaillaient seuls, il faudrait que les jeux fussent *vendu* plus de 32 francs la pièce, ou, à ne le vendre que 0, ᶠ 60, que chaque ouvrier fût réduit à gagner environ 0 f. 15 par jour!

147.—Le participe passé, accompagné du verbe *avoir,* s'accorde en genre et en nombre avec son complément direct, quand il en est précédé. Ex.: Quels tendres *soins* ma bonne mère ma prodigués!

Ma mère m'a *prodigué* quoi? des *soins,* donc *prodigués* s'accorde avec *soins.*

Mais le participe passé, précédé du verbe avoir, reste invariable, s'il est suivi de son complément direct ou s'il n'en a pas. Ex.: N.-S. J.-C. a *donné* sa vie pour nous. *Donné* est invariable, étant suivi de son complément direct *vie.* — Presque tous les scélérats ont *commencé* par voler une pomme ou une plume. *Commencé* est invariable n'ayant pas de complément direct. — Combien on regrette les années *que* l'on a *vécu* sans songer à Dieu! c'est-à-dire, on a *vécu pendant les années; que* est comp. de temps. (1)

CIX. — Mettre à un temps composé les phrases suivantes. — Appliquer les règles des participes. — Rétablir les ellipses.

Le soleil nous éclaire et mûrit nos moissons. — Dieu fit les étoiles et les sema dans l'espace. — Il créa la lune et la plaça près de la terre. — Elle reçoit la lumière du soleil et nous la renvoie. — Sans le soleil, elle ne brillerait pas et nous paraîtrait toute noire. — L'âme, unie à Dieu, brille aussi de la clarté céleste. — Sans cette lumière, les ténèbres l'environneraient. — Les nuages empêchent la lumière du soleil d'arriver sur la terre, et nos péchés empêchent la lumière divine de parvenir à notre âme. — Les miroirs concentrent les rayons solaires et produisent une forte chaleur. — De même la prière concentre les rayons divins et emflamme notre âme d'amour pour Dieu.

---

(1) Le participe *pu* est toujours invariable.

CX. — Appliquer les règles des participes.

La vertu a toujours *fait* le bonheur de ceux qui l'ont *pratiqué*. — Une bonne action est *récompensé* par le plaisir qu'on éprouve de l'avoir *fait*. — Le premier degré du pardon est de taire l'injure qu'on a *reçu*. — Le souvenir des soins qu'on a *donné* à ceux qu'on a *aimé*, est la seule consolation qui nous soit *laissé*, quand nous les avons *perdu*. — Quand vous avez une fois *trompé*, vous ne pouvez plus être *cru* de personne. — Le mépris et l'ennui sont *né* de la mollesse. (1) — Les moments qu'on perd sont *perdu* pour toujours. (2) — On a toujours *trouvé* plus de pauvres contents que de riches heureux. — Le jeu et la débauche ont *ruiné* des millions de familles; l'aumône n'en a *appauvri* aucune. — Les 46 années que *Charlemagne* a *régné* ont été des plus glorieuses qu'ait *vu* la France. — Les sept mois qu'a *duré* la guerre contre la Prusse, ont *accumulé* bien des ruines sur notre patrie !

148. — Dans les verbes pronominaux, le verbe être est mis pour le verbe avoir. (3) Par conséquent, le participe d'un verbe pronominal ne s'accorde pas avec son sujet, mais avec son complément direct, quand il en est précédé ; et il reste invariable quand ce complément direct est placé après ou qu'il n'existe pas.

Les paresseux se sont *endormis* dans l'oisiveté et *réveillés* dans la misère. *Endormis* et *réveillés* s'accor-

---

(1) Voltaire. — (2) J.-B. Rousseau.
(3) Dans le patois, les verbes pronominaux se conjuguent avec le verbe *avoir* : Je *m'ai* trompé au lieu de je me *suis* trompé.

dent avec *se*, comp. direct qui les précède. — Heureux ceux qui se sont *fait* une loi de secourir l'indigent! *Fait,* invariable étant suivi de son comp. dir. *loi.*

149.—Les participes des verbes pronominaux essentiels s'accordent toujours. Ex : Les apôtres se sont *enfuis* à l'arrivée de Judas!

Les participes des verbes pronominaux neutres :

Se *plaire,* se *déplaire,* se *complaire,* se *rire,* se *sourire,* se *parler,* se *succéder,* se *nuire,* se *mentir,* se *ressembler* et se *suffire,* sont toujours invariables, parce qu'ils ne peuvent avoir de complément direct. Ex.: 73 souverains se sont *succédé* sur le trône de France.

Cependant les trois verbes pronominaux se *douter,* se *prévaloir* et *s'échapper,* quoique neutres, s'accordent toujours. Ex.: Insensés ceux qui se sont *prévalus* de leur science, de leur or ou de leur beauté! (1)

CXI— Mettre au passé indéfini les phrases suivantes :

Nous nous défions d'un mauvais livre comme d'un serpent qui tôt ou tard donne la mort à ceux qui s'amusent avec lui. — Le meilleur de nos amis, c'est un bon livre; il nous reprend sans nous aigrir et nous avertit sans nous flatter. — Ceux qui se montrent fidèles dans les petites choses, le seront aussi dans les grandes; mais ceux qui méprisent les petites choses, tomberont bientôt et se perdront sans retour. — On doit profiter des grâces de Dieu, quand elles se présentent; sans

______

(1) Faire bien remarquer que dans les temps composés, il y a deux accords : *l'auxiliaire* s'accorde toujours avec le *sujet* et le *participe passé,* tantôt avec le *sujet,* tantôt avec le complément *direct;* ou reste invariable.

quoi elles disparaissent quelquefois pour toujours. — Quand vous vous sentez *tenté* de commettre un péché mortel, rappelez-vous que vous n'êtes *éloigné* de la mort que d'un pas. — Les flatteurs se moquent toujours des dupes qu'ils font : prenez garde à ceux qui multiplient les promesses et qui prodiguent les serments : ils ne les tiennent jamais.

CXII. — Les paresseux ne se doutent pas qu'ils se préparent des jours de honte et de misère.— Quelques-uns se prévalent, pour ne rien faire, de la fortune de leurs parents ; ils se complaisent dans la pensée qu'on travaille pour eux ; ils oublient que ceux qui n'amassent pas dissipent. — Les champs qu'on ne cultive point se couvrent de chardons ; la clef se rouille si l'on ne s'en sert ; de même l'esprit des paresseux se remplit de pré-jugés ; leur âme se nourrit d'illusions, et le vice envahit leur cœur. — Ceux qui s'appuient sur des mensonges se repaissent de vent ; ils ressemblent à ceux qui courent après des oiseaux qui volent. (1)

» Le bien de la fortune est un bien périssable ;

» Quand on bâtit sur elle, on bâtit sur le sable. (2)

CHAPITRE VIII.

DES MOTS INVARIABLES.

De l'Adverbe.

150. — On nomme adverbe tout mot qui modifie un verbe un adjectif ou un autre adverbe.

(1) Ecclésiaste. — (2) Racine.

Quand je dis, par exemple : Il pleut, il pleut *beaucoup*, j'indique toujours que la pluie tombe, mais avec plus ou moins d'abondance.

151. — Les adverbes se divisent en :

1º Adverbes de quantité : *Assez, autant, beaucoup, bien* (pour *beaucoup*), *combien* et *que* (pour *combien*), *davantage, moins, peu, plus, souvent, trop, tant, encore* (pour *davantage*), et *si* devant un verbe ou un adjectif.

2º Adverbes de temps : *Alors, antérieurement, postérieurement, aujourd'hui, auparavant, aussitôt, autrefois, bientôt, demain, désormais, hier, jadis, jamais, matin, naguère, soir, tard, tôt, tantôt, toujours.*

3º Adverbes de lieu : *Ailleurs, alentour, dedans, dehors, dessous, dessus, partout, ici, là, où, y, intérieurement, extérieurement.*

4º Adverbes d'ordre : *Premièrement, deuxièmement, ensuite, puis.*

5º Adverbes de comparaison : *aussi, autant, comme, plus, mieux, moins, plutôt.*

6º Adverbes de manière : *Bien, mal, vite, adroitement, poliment, etc.* (A)

(A) La plupart des adverbes de manière dérivent des adjectifs : ainsi 1º Les adjectifs terminés au masculin par une voyelle, ajoutent *ment* pour former l'adverbe. Ex.: Poli, poli*ment*, sensé, sensé*ment*, sage, sage*ment*. 2º Les autres adjectifs ajoutent *ment* au féminin. Ex.: Bon, bonne*ment*, grand, grande*ment*. 3º Toutefois les adjectifs terminés par *nt*, changent *nt* en *mment*. Méchant, mécham*ment*.
Excepté : *Impuni, lent, véhément, gentil, présent, traître*, qui font impuné*ment*, lente*ment*, véhémente*ment*, genti*ment*,

7º Adverbes de négation : *non*, *ne*, *ne... pas*, *ne... point,* et d'affirmation *oui* et *si* (pour *oui*).

152. — On appelle *locution adverbiale,* une réunion de mots qui joue le rôle d'adverbe ; tels sont :

A l'envi, à la merci, à l'étourdie, plus tôt, à vau l'eau, à la bonne heure, de mal en pis, à l'insu, d'emblée, tant pis, sur le champ, tout à coup.

Plus tôt, signifiant plus vite, s'écrit en 2 mots. Ex.: Jean arriva au sépulcre *plus tôt* que Pierre.

Plutôt en un mot marque la préférence. Ex.: Il faut obéir à Dieu *plutôt* qu'aux hommes.

Plutôt signifiant *à peine* s'écrit aussi en un mot. Ex.: N.-S. ne fut pas *plutôt* né qu'il fut persécuté.

A l'envi signifie *au mieux. A l'envie* signifie *au désir, à la jalousie.* Ex.: Enfants, travaillez *à l'envi* à vous instruire ; mais ne vous abandonnez point *à l'envie,* qui est pire que la haine.

On écrit en un mot : *longtemps, quelquefois, autrefois, parfois, plupart ;* et en deux mots : *quelque temps.*

L'adverbe a souvent pour équivalent, un complément de temps, de lieu ou de manière. Ex.: *Raisonnablement* signifie *avec raison. Éternellement* signifie *pour l'éternité.*

On écrit avec un trait d'union : *au-dessous, au-dessus, au-de-là, au-devant, en-deçà, par-dessus,* etc., et sans trait d'union : *au dedans, au dehors* et les autres composés de ces deux mots.

---

présentement, *traîtreusement. Aveugle, commode, commun, énorme, immense,* font *aveuglément, commodément, communément, énormément, immensément ; obscur* fait *obscurément, profond,* profondément, *gai, gaiment* ou *gaiement, assidu, assidûment.*

CHAPITRE IX.

=

De la Préposition.

153. — La préposition est un mot invariable qui marque les rapports des mots entre eux. Je vais *à* Paris, exprime le but où je tends. Je vais *vers* Paris, exprime seulement la direction.

Les principales propositions sont : *à, après, attendu, avant, avec, chez, contre, dans, de, depuis, derrière, dès, devant, durant, en, entre, envers, excepté, hormis, hors, malgré, moyennant, nonobstant, outre, par, parmi, pendant, pour, sans, sauf, selon, sous, suivant, sur, touchant, vers, voici, voilà, vu.*

154. — Toute réunion de mots terminé d'ordinaire par *à* ou *de*, qui joue le rôle d'une préposition, s'appelle *locution prépositive.* Tels sont : *vis-à-vis, au-devant de, près de, eu égard à,* etc. *Voici* et *voilà* sont deux contractions du verbe *voir (vois-ci, vois-là)* qui en ont conservé le complément direct. Ex.: Voici les jours de salut ! voici le temps favorable ! *Quant à* signifie *à l'égard de, pour ce qui est de.* Ex : *Quant à* moi, je veux faire mon devoir. *Quand* signifie *lorsque, dans quel temps.* Ex.: *Quand* on connaît sa faute, on manque doublement.

CHAPITRE X.

==

De la Conjonction.

155. — La conjonction est un mot invariable qui sert à lier entre elles les propositions ou leurs parties principales.

Prenons, par exemple, les deux propositions suivantes: *je pars, il le faut.* Si nous voulons les réunir, nous dirons : il faut *que* je parte. Le mot *que* est donc ici conjonction.

Les principales conjonctions sont : *afin, car, cependant, comme, donc, enfin, et, lorsque, mais, néanmoins, ni, or, ou, pourtant, quand, quoique, si, sinon, soit.*

156. — Une conjonction formée de plusieurs mots, se nomme *locution conjonctive.* Tels sont : *de même que, vu que, pour peu que,* etc. — *Si* est conjonction quand il joint ensemble deux propositions. Ex : On nous aimera *si* nous sommes vertueux.

Si (mis pour *tant*), est adverbe de quantité : Il est *si* bon.

Quand est adverbe dans les phrases interrogatives : *quand* partez-vous? *Quand*, signifiant *lorsque* et *que* après *plus, mieux, moins, meilleur*, tiennent à la fois de la conjonction et de l'adverbe.

Ex.: Il est plus sage *que* son frère; c'est-à-dire son frère est moins sage. *Que* est mis pour *moins*.

6 *

Ex.: *Quand* on ne prend en dot que la seule beauté,
Le remède est bien près de la solennité. (Mol.)

Quoique en un seul mot signifie *bien que*. Ex.: Ne méprisez point un homme juste et intelligent, *quoiqu'il* soit pauvre , et ne révérez point un pécheur, *quoiqu'il* soit riche. (Eccl.)

Quoi que, en deux mots , signifie *quelle que soit la chose que*. Ex.: *Quoi qu'*en disent les sots , le savoir a son prix.

Parce que, en deux mots, signifie *attendu que*. Ex.: *Parce que* vous êtes sincère, je vous aime.

Par ce que, en trois mots, signifie *par les choses que, par tout ce que*. Ex.: Les hommes nous jugent *par ce qu'ils* voient ou entendent de nous.

Où , adverbe ou pronom , et *là* adverbe, prennent un accent grave. Ex.: *Où* est votre trésor, *là* aussi est votre cœur.

Ou , conjonction , peut se remplacer par *ou bien ,* et s'écrit sans accent. Ex.: Le bien *ou* le mal se moissonne, selon que l'on sème *ou* le mal *ou* le bien.

CHAPITRE XI.

De l'Interjection.

157. — L'interjection est un cri, une exclamation spontanée qui sert à exprimer toute une pensée avec énergie et promptitude.

Les principales interjections sont :

Ah ! qui exprime la joie, la douleur.

Ha !   —   la surprise.

Ho !   —   l'étonnement, sert à appeler.

Oh !   —   un sentiment profond , sert dans tous les autres cas.

O ! s'emploie devant les noms, les pronoms et même devant les propositions.

Hé ! sert à appeler.

Eh ! exprime la plainte , la tristesse.

Les autres interjections sont : *ça ! chut ! comment ! vous voilà ! crac ! fi ! fi donc ! ouf ! bravo ! pouah ! courage ! hélas ! hola ! haïe !* etc.

On remarquera que dans *ah, ha,* — *oh, ho,* — *eh, hé,* on place l'*h* à la fin, toutes les fois que l'on veut exprimer un sentiment profond, durable, et au commencement, quand on veut exprimer un sentiment faible ou passager.

On écrit souvent : *Eh bien ! Eh quoi !*

CXIII. — Relever les mots invariables.

Un cœur bienfaisant a *toujours de* quoi donner. Regardons. *pour* faire l'aumône, au besoin que le pauvre en a, *plutôt qu'à* ses titres *pour* l'obtenir. (1) *Ne* vous hâtez *pas de* vous lier *avec* un homme que vous connaissez *peu.*

» *Avec* les inconnus, usez *de* defiance

» *Avec* vos amis *même*, ayez *de* la prudence. (2)

(1) Ph. André. — (2) Fénelon.

Qui se confie au bavard *et* prête au prodigue, retrouve son secret *partout et* son argent *nulle part* (1) — *Tôt ou tard* le mérite a son juste salaire. (2) — *Quoi que* fassent les hommes, leur néant paraît *partout.* (3)

  » On court *bien loin pour* chercher le bonheur;
  » A sa poursuite *en vain* l'on se tourmente :
  » C'est *près de* nous, *dans* notre propre cœur,
  » *Que* le plaça la nature prudente. (4)

Où l'on travaille *beaucoup, là* est l'abondance; mais *où* l'on parle *beaucoup,* l'indigence se trouve *souvent.*

CXIV. — *Quand* Pierre *et* Jean se sont mariés, ils *ne* possédaient rien *ni* l'un *ni* l'autre. *Mais* Pierre s'est mis *à* l'ouvrage *avec cœur. Quoi que* dissent ses compagnons, il passait le dimanche *en* famille, *au lieu de* courir au cabaret. Son patron l'estimait *parce qu'*il savait *qu'*il pouvait compter *sur* lui. C'est *pourquoi* il le fit chef *d'*atelier, *et* augmenta son salaire *en proportion. De son* côté, la femme de Pierre prenait soin du ménage; la maisonnette était *proprement* tenue; les aliments *bien* préparés *et en* temps convenable, le linge *bien* lavé *et bien* entretenu, *point d'excès,* un régime sage *et* le cœur content, c'est *plus qu'il n'en* faut *pour* éloigner les maladies. *Aussi* Pierre, *quoique* ayant élevé une nombreuse famille, se trouve *dans* l'aisance, *sans compter que* ses enfants sont instruits, *qu'*ils adorent leurs parents *et* commencent *à* se placer *fort convenablement,* les patrons se disputant les fils *d'*un tel père.

CXV. — Jean, lui, *n'a pas d'*enfants : il est *plus* habile

---

(1) Ph. André. — (2) Corneille. — (3) Bossuet. — (4) Florian.

ouvrier *que* Pierre, *et* gagnait *d'abord de plus* fortes journées ; *mais s'il* travaillait le dimanche, il fêtait le lundi ; or, rien *n'altère comme de* boire *à l'excès*. Il buvait *donc* encore le mardi *pour* se rafraîchir, *et assez souvent*, il oubliait le mercredi le chemin *de* l'atelier. Sa femme, *loin* de s'occuper *de* son intérieur, allait *chez* les commères du voisinage, humecter *d'*une tasse *de* café, les médisances *contre* le voisin. — *Enfin* la maison était veuve *de* mobilier ; les vêtements, achetés *à* la petite semaine, étaient payés *cher et, comme* on *ne* les réparait *jamais*, ils *ne* duraient *guère*. Chaque lundi, on portait au mont-de-piété quelques nippes *pour* vivre *jusqu'au samedi suivant, car* Jean *n'avait point de* crédit. *Si* Jean *ou* sa femme était malade, *vite* on courait à l'hôpital *et* au bureau *de* bienfaisance. *Quant à* Pierre il payait des impôts *à l'aide* desquels on soignait *et* on nourrissait Jean *et* sa femme. Vous croyez *que* Pierre se plaignait *de* Jean ? *Du tout*, c'était *au contraire* Jean qui trouvait injuste *que* Pierre fût *dans* l'aisance *et* lui *dans* la misère. Il trouvait *même* juste *qu'*on eût forcé Pierre *à* partager *avec* lui le fruit *de* ses économies. Qui avait raison ?

CXVI.—Les paresseux *ne* se lèvent *pas de bonne heure*, demeurent *toujours* pauvres *et* se plaignent à *l'envi* de *n'*avoir *pas de* bonheur. — S'ils voulaient se lever *plus tôt*, on serait *plutôt* tenté *de* leur venir *en* aide. Mais *à leur insu*, ils sont *à la merci* de leurs passions ; ils se laissent aller *à l'envie, ou s'*ils tentent quelque entreprise, ils s'y jettent *à l'étourdie,* et leurs ressources s'en vont *à vau l'eau. Quoi qu'on* leur dise, ils espèrent

emporter la fortune *d'emblée. Mais* elle *n'*arrive p
ainsi, *tout à coup, à la hâte,* il faut la prendre *d'assau*
Elle erre *près* de nous, rôde *autour* de la maison,
tient *au dehors,* il faut l'attirer *au dedans, par* u
travail qui *n'*est *point au-dessus* de nos forces.

CHAPITRE XII.

De la ponctuation.

158.— On parle et on écrit pour se faire comprendre, on
ponctue pour la même raison. La ponctuation n'a guère
de règles absolues : Avec l'intelligence de la phrase et
un peu d'attention, on la met toujours raisonnablement.

On appelle *phrase,* une ou plusieurs propositions
ayant un sens complet. Toute phrase se termine par
un point. (2, 6, 18, 23)

On emploie les deux points après toute proposition,
qui annonce une citation, une explication ou une énumération (4, 8, 12, 19), ou avant, si l'énumération
précède. Ex.: L'amour des plaisirs, la soif de l'or,
l'ambition : Voilà le principe de tous les crimes. — Et
enfin pour séparer les deux parties principales d'une
phrase, dont les parties secondaires sont elles-mêmes
subdivisées par le point-virgule. Ex.: Le lion ne fait
point la guerre au lion, ni le tigre au tigre; ils n'atta-
quent que les animaux d'espèce différente : L'homme
seul, malgré sa raison, fait ce que les animaux sans
raison ne firent jamais.   *(Fénelon)*

Le point-virgule s'emploie pour séparer les propositions coordonnées qui ont une certaine étendue. (14)

La virgule sépare : 1o tous les mots qu'on peut retrancher sans dénaturer le sens de la phrase (1, 3, 7, 13, 21) ; 2o les sujets, les attributs, les compléments de même nature, et les propositions coordonnées qui ont peu d'étendue, quand ils ne sont point liés par *et, ni, ou* (9, 10, 15, 16, 17) ; 3o les mots mis en apostrophe (13) ; 4o les propositions et les compléments placés en inversion. Ex.:

Monsieur, quand sur les gens, l'on prétend se régler,
C'est par les beaux côtés qu'il leur faut ressembler. (1)

5o Les verbes sous-entendus, dans certains cas. Ex : L'esprit procure le plaisir ; la vertu, le bonheur.— C'est-à dire la vertu *procure* le bonheur.

Le point d'interrogation s'emploie toutes les fois que l'on interroge (5, 22). Ex.: Eh bien ! vous ne travaillez pas ? Ignorez-vous donc que l'oisiveté est la mère de tous les vices ?

Le point d'interrogation et le point d'exclamation peuvent remplacer tous les autres signes de ponctuation. Quand ils remplacent le *point*, le mot suivant commence par une lettre majeure.

Le point d'exclamation s'emploie après toute interjection et toute exclamation.

Ah ! quels tristes regrets laisse le bal folâtre !
A la danse succède une toux opiniâtre ;
Au plaisir rose et frais, la fièvre au teint bleuâtre ;
Aux yeux brillants, les yeux éteints ! (2)

---

(1) Molière. — (2) V. Hugo.

CXVII.— Expliquer de vive voix la ponctuation du sujet suivant :

Il y avait un homme riche, (1) dont les terres avaient extrêmement rapporté. (2) Et il s'entretenait en lui-même, (3) de ces pensées : (4) Que ferai-je? (5) car je n'ai point de lieu où je puisse serrer tout ce que j'ai à recueillir. (6) Voici, dit-il, (7) ce que je ferai : (8) J'abattrai mes greniers, (9) j'en bâtirai de plus grands, (10) j'y amasserai toute ma récolte et tous mes biens, (11) et je dirai à mon âme : Mon âme, (13) tu as beaucoup de biens en réserve pour plusieurs années; (14) repose-toi, (15) mange, (16) bois, (17) fais bonne chère. (18) Mais Dieu lui dit : (19) Que tu es insensé! (20) On va te redemander ton âme, cette nuit même, (21) et pour qui sera ce que tu as amassé? (22) Tel est celui qui amasse des trésors pour lui-même et qui n'est point riche en Dieu. *(St. Luc)*

CHAPITRE XIII.

Observations sur le Nom.

159. — Les mots employés matériellement comme noms sont invariables. Ex.: Toutes les révoltes commencent par des *pourquoi* et finissent par des *hélas !*

160. — Les noms tirés des langues étrangères prennent la marque du pluriel comme les autres noms français, excepté :

1º Les noms composés de plusieurs mots *Te Deum, ecce-homo, post-scriptum, ex-voto, in-octavo, fac-simile, auto-da-fé,* etc.

2º Les noms de prières : *pater, ave, credo, confiteor, alleluia, amen, kyrie, gloria,* etc.

3º *Dilettante , lazzarone , libretto, sestetto, soprano, carbonaro* qui font leur pluriel en *i* comme en italien : des *dilettanti.*

4º *Maximum, minimum, erratum ,* font *maxima, minima, errata,* comme en latin. (1) *Vivat, recto, verso, critérium, tacet, incognito, alibi,* ne changent pas.

CXVIII.—Indiquer la signification et mettre au pluriel : alto, in-quarto, factum, factotum, pensum, accessit, credo , macaroni, cicérone, maximum , tacet, introït, ex-æquo , dilettante , adagio , quatuor, ténor, yacht , wagon, miserere, memorare.

161. — Les noms propres individuels sont toujours invariables lorsqu'ils désignent les êtres mêmes. La France s'honore des *Corneille,* des *Racine,* des *Bossuet* et des *Vincent de Paul.*

Ils prennent la marque du pluriel, lorsqu'ils sont employés au figuré, (2) c.-à-d. pour désigner des êtres semblables à ceux dont on emploie les noms. **Ex.:** Nous avons eu des *Cicérons* et des *Virgiles.* C.-à-d. des des orateurs et des poëtes illustres.

---

(1) Ou *maximums , minimums.* On dit aussi : un *errata,* des *erratas.*

(2) Un mot est employé dans le sens propre quand il désigne l'être même pour lequel on l'a créé.

Ex.: Le *lion* habite l'Afrique.

Il est employé dans le sens figuré toutes les fois que, par comparaison, il exprime une autre idée. Ex.: Cet homme est un *lion,* c'est-à-dire *fort, hardi.*

Ajoutons que dans notre langue, on nomme par le même mot,

Ils prennent encore la marque du pluriel, quand ils désignent toute une famille de rois, de princes. Ex.: Les *Napoléons* ont succédé aux *Bourbons* sur le trône de France.

CXIX.—Expliquer la règle sur les exemples suivants: Honneur aux *Moïse*, aux *Gédéon*, aux *David*, aux *Machabées* qui ont délivré leur peuple du joug étranger!... Où sont les *Babylone*, les *Ninive*, les *Tyr*, les *Carthage*, les *Thèbes*, ces *Paris*, ces *Londres*, ces *Viennes*, ces *Berlins* des anciens jours? Elles ont disparu comme les *Catons*, les *Scipions*, comme les *Médicis*, les *Condés*, les *Stuarts!* Ainsi passent la gloire et la puissance des hommes! Où sont aujourd'hui les chefs-d'œuvre des *Phidias*, des *Praxitèle*, des *Apelles*, des *Zeuxis*, des *Protogène* qui furent les *Raphaëls*, les *Murillos*, les *Rubens* du passé? Qui dira le nombre des années réservées par la Providence aux empires des modernes *Nabuchodonosors?* Les deux *Gracques*, en flattant le peuple, commencèrent les divisions qui ne finirent qu'avec la république. (Bossuet).

---

toutes les impressions analogues perçues par les sens ou produites directement dans l'âme.

Nous donnons les contraires pour mieux saisir notre pensée.

Âme		
	Un homme *doux*	Un homme *dur*
	Une pensée *douce*	Une pensée *amère*
Vue — Une lumière *douce*		Une lumière *éblouissante*
Ouïe — Une musique *douce*		Une musique *bruyante*
Odorat — Un *doux* parfum		Une odeur *âcre*
Goût — Un fruit *doux*		Un fruit *aigre*
Toucher — Une laine *douce*		Un crin *rude*

162. — On appelle nom composé, un nom formé de plusieurs mots unis par un trait d'union, comme ce *chef-d'œuvre*, un *rendez-vous*. (1)

Dans les noms composés, il n'y a que les *noms* et les *adjectifs* qui prennent la marque du pluriel.

1re RÈGLE. — Quand un nom composé est formé de deux *noms* ou d'un *nom* et d'un *adjectif,* les deux mots prennent la marque du pluriel. Ex.: Les *arcs-doubleaux* des voûtes gothiques se nomment nervures. (2)

On écrit toutefois au pluriel : Des *appuis-main.* Des *bains-marie.* Des *timbres-poste.* Des *Fêtes-Dieu.* Des *hôtels-Dieu.* Un ou des *chèvre-pieds.* Un ou des *bréche-dents.* Des *blanc-seings.* (3) Des *terre-pleins.* Des *chevau-légers.*

2me RÈGLE. — Quand les noms sont unis par une *préposition,* le premier seul prend la marque du plu-

----

(1) Bien des expressions, véritables noms composés, s'écrivent sans trait d'union et il serait à désirer qu'on le supprimât généralement : ainsi on écrit char à bancs, hôtel de ville, ver à soie, pot à feu, pompe à feu; mais pourquoi écrit-on porte-allumettes, porte-cigare, porte-croix, porte-drapeau, porte-aiguilles, porte-plume et porteballe, portecrayon, portefaix, portefeuille, portemanteau ? Pourquoi contre-allée et contrefaçon ? Il serait pourtant bien facile de mettre un peu d'ordre dans ce chaos qu'on appelle l'orthographe d'usage.

(2) Toutes ces règles sont compliquées, les exceptions nombreuses et vite oubliées. Il convient donc de n'y point consacrer un temps exagéré : si plus tard, nos élèves, devenus hommes, se trouvent dans la nécessité , ce qui est rare, d'appliquer ces règles dans une lettre, ils consulteront grammaire & dictionnaire.

(3) L'Académie l'écrit sans trait d'union.

riel. Ex.: Les *arcs-en-ciel* apparaissent toujours à l'op-
posé du soleil.

On écrit toutefois : des *pied-à-terre*, des *coq-à-l'âne*,
des *tête-à-tête*, des *crocs-en-jambes*.

3me Règle. — Tout nom formé d'un *mot invariable*
et d'un *nom* ou d'un *adjectif,* prend le singulier ou le
pluriel selon le sens. Ex.: Les *abat-vent* des beffrois et
des clochers servent à rabattre le son des cloches. (1)

163. — Tout nom complément d'un autre nom à
l'aide de la préposition *de* est d'ordinaire invariable s'il
n'est pas déterminé. Ex.: Les têtes d'*homme* sont plus
expressives que celles de *femme.* (2) (Boniface).

Il se met au pluriel s'il est déterminé. Ex.: Que de
têtes d'*hommes coupables* ont échappé à la justice humaine et sont tombées aux mains de Dieu !

Il se met toujours au pluriel s'il désigne une matière
qui puisse se compter. Ex.: Un panier de *pommes ;*
mais on dit : un sac de *blé*, parce que les grains de
blé ne se comptent pas.

CXX. — Appliquer les règles précédentes.

Les sots croient tous les *on-dit.* — Faites le bien
sans vous occuper des *qu'en dira-t-on.*— Les médisants
abusent des *si*, des *mais*, des *cependant.* — L'eau de

---

(1) Dire pourquoi l'on écrit un ou des *cure-dents, porte-
mouchettes, casse-noisettes,* des *avant-coureurs,* des *arrière-
pensées,* des *gobe-mouches,* des *contre-poison,* des *réveille-
matin,* un ou des *essuie-mains.*

(2) On écrit : des nids d'*oiseaux,* sans doute parce qu'ils sont
deux pour construire un nid.

rose nous vient de la Perse et les *belles-de-nuit* du Mexique. — Les Antilles nous envoient le sucre de *canne* et nous produisons le sucre de *betterave.*— J'aime un bouquet de *roses,* de *réséda,* de *violettes* et d'*héliotrope.* — On dort souvent moins bien sur un lit de *plume* que sur un lit de *paille* ou de *fougère.*— Autrefois, on se servait pour écrire de plumes d'*oie* ou de *corbeau.* — Les *chats-huants,* les *chauves-souris* et les *grands-ducs* sont des oiseaux de *nuit.* — Les coqs sont des *réveille-matin.* — Les ignorants redoutent les *feux-follets* et les *loups-garous.* — Un honnête homme s'interdit les *lazzis,* les *quolibets* et les calembours. — Les filous se servent de *fausses-clefs* et de *passe-partout.*

CXXI — Nous avons, dans nos jardins, des *pieds-d'alouette,* des *gueules-de-loup,* des *oreilles-d'ours,* des *belles-de-jour,* des *belles-de-nuit,* des *chèvre-feuilles,* des *perce-neige* et des *mille-feuilles,* (1) et dans nos maisons des *portemanteaux,* des *essuie-mains,* des *garde-manger,* des *garde-robes,* des *garde-feu,* des *garde-main* et des *garde-meubles,* un *porte-allumettes,* un *porte-cigares,* un *porte-clefs,* deux *portefeuilles,* cinq *portecrayons,* six *porte-plume* et un *tire-bottes;* nous y voyons aussi des *œils-de-bœuf,* (2) deux *portes cochères,* des *appuis-main* et un *garde-fou.* — Nous en avons chassé les

---

(1) Ou mille-feuille.

(2) *Œil-de-bœuf* ne prend de trait d'union que dans le sens de baie ou lucarne ronde. Tous les autres composés de *œil* s'écrivent également sans trait-d'union : *œil de perdrix, œil de pigeon, œil de chat, œil de paon.*

boute-feu et les *trouble-fête;* mais nous avons conservé les *boute-en-train.* — Ce sont deux domestiques ennemis des *fier-à-bras*, des *pince-sans-rire,* des *perce-oreille* et des *cloportes*, auxquels ils dressent les *guets-apens* (1) les plus ingénieux. Mais ils se gardent bien de chasser les *rouges-gorges*, les *pics-verts*, voire même les *pies-grièches* et les *moineaux francs* qui détruisent les larves d'*insecte*, fléau de nos *choux-fleurs* et de nos *choux cabus*, de nos pommiers et de nos vignes. —

Dans nos jours passagers de *peines*, de *misères*,
Enfants d'un même Dieu, vivons du moins en frères. (2)

164. —   Noms des deux genres.

NOMS.	MASCULINS.	FÉMININS.
Aide	celui qui aide	secours, femme qui aide
Aigle	oiseau, lutrin, grand homme	drapeau, poisson.
Amour	partout ailleurs	au pluriel marquant l'affection d'un sexe p^r l'autre.
Autre chose	non précédé de l'article	précédé de l'article.
Barbe	cheval	poils de la figure.
Cartouche	encadrement, boîte d'artifices	charge d'une arme à feu.
Carpe	poignet	poisson.
Coche	carrosse	truie.
Couple	mâle et femelle, deux intimes	simplement deux.

(1) Prononcez comme au singulier *guet-apens.*
(2) Voltaire.

NOMS.	MASCULINS.	FÉMININS.
Cornette	enseigne	bonnet.
Critique	celui qui critique	action de critiquer.
Délice	au singulier	au pluriel.
Espace	de temps et de lieu	interligne.
Enseigne	officier de marine	drapeau, annonce.
Enfant	garçon, petite fille	jeune fille.
Foudre	orateur, guerrier, fût	tonnerre.
Fourbe	imposteur	imposture.
Garde	celui qui garde	surveillance , ensemble de gardes.
Gens	au pluriel	gent au singulier.
Greffe	bureau du greffier	ente.
Guide	conducteur	rênes.
Hymne	chant guerrier	chant d'église.
Livre	volume	demi-kilogramme.
Losange	quadrilatère	parc de fleurs en forme de losange.
Manche	d'outil	d'habit.
Mémoire	facture, rapport écrit	faculté de se souvenir.
Mode	méthode, musiq, grammaire	usage.
Manœuvre	aide maçon	partout ailleurs.
Mousse	jeune matelot	écume, plante.
Œuvre	collection des œuvres d'un artiste , le grand œuvre (pierre philosophale).	partout ailleurs.
Office	partout excepté dans	armoire, apprêt de desserts.
Orge	dans orge mondé, orge perlé	partout ailleurs.
Orgue	au singulier	au pluriel.

Noms.	Masculins.	Féminins.
Page	serviteur de prince	côté d'un feuillet.
Pâques	fête de chrétiens	fête des Juifs (Pâques) et dans Pâques fleuries. Mes Pâques sont faites.
Pivoine	oiseau	fleur.
Période	temps indéterminé, point le plus élevé	partout ailleurs.
Personne	pronom indéfini	nom.
Parallèle	comparaison	ligne.
Poêle	drap mortuaire, calorifère	poêle à frire.
Poste	emploi, endroit	administration.
Platine	métal	plaque de métal.
Pupille	mineur qui a un tuteur	prunelle de l'œil.
Quelque chose	une chose	quelle que soit la chose.
Relâche	repos	lieu pour relâcher, action de relâcher.
Remise	hangar	à compte, escompte.
Solde	complément d'un compte	paie.
Souris	sourire	animal.
Trompette	soldat	instrument de musique.
Tour	outil, place	forteresse.
Vase	ustensile	boue.
Voile	ce qui couvre	la voile d'un navire.

165.— Nota. Quand *gens* est synonyme de personnes. il veut au féminin, par raison d'euphonie, tous les adjectifs qui le précèdent sans inversion, si celui qui le précède immédiatement varie au féminin. Ex.: On aime *toutes* les *bonnes* gens, *tous* les *bons* et *honnêtes* gens. *Instruits* par l'expérience, les *vieilles* gens sont *prudents* et *économes.* (*Instruits* reste au masculin, précédant le nom par inversion).

CHAPITRE XIV.

Remarques sur quelques Adjectifs.

166.— *Feu* s'accorde quand il précède immédiatement le nom. Ex.: Ma *feue* mère m'a tant aimé que je ne puis assez prier pour elle. — Il est invariable s'il est séparé du nom par un article. Ex.: *Feu* ma mère.

167. — *Demi* est invariable devant un *nom* ou un *adjectif* et s'y joint par un trait d'union. Après un nom il en prend le genre et reste au singulier. Ex.: Une *demi-* once de vertu vaut mieux que deux livres et *demie* de science. Un homme mou n'est pas un homme, c'est une *demi*-femme.

Employé comme nom, il prend une *s* au pluriel: Cette horloge sonne les heures et les *demies.* Deux *demis* font un entier.

168. — *Nu* n'est invariable que quand il précède immédiatement les mots *tête, bras, jambe, pied,* auxquels il se joint par un trait d'union : Saint Louis porta la couronne d'épines *nu*-tête et pieds *nus.*

169. — L'adjectif employé adverbialement est toujours invariable. Ex.: Quand on a chaud, l'eau froide est une boisson *fort* dangereuse. — Une fille *nouveau-née*, c'est-à-dire nouvellement née.

On écrit également : des étoffes *bleu clair* (c'est-à-dire d'un teint bleu, un peu clair).

170. — Les noms employés comme adjectifs, pour désigner les couleurs, restent invariables : des rubans *paille*, (c'est-à-dire couleur de paille). Excepté : *rose*, *violette*, *cramoisi*, *mordoré*, *écarlate*, *amarante*, *garance*, qui s'accordent toujours.

171. — *Possible* est invariable après un superlatif. Ex.: Faisons le plus d'heureux *possible*, c'est-à-dire qu'il est possible). Dans les autres cas il s'accorde : — Tous les malheurs *possibles* sont venus fondre sur la France.

CXXII. — Appliquer les régles précédentes.

Pour surprendre Asdrubal, les soldats romains firent près de soixante lieues et *demi* en moins de trois jours et *demi*. — Les plus grandes fatigues *possible* ne pouvaient les rebuter. — Héraclius entra dans Jérusalem *nu*-pieds, *nu*-tête et portant sur ses épaules *nu* la vraie croix, qu'il avait *enlevé* à Chosroès. — Les étoffes *rose* et *rose tendre* sont des déjeuners de soleil. — Les draps *marron* sont à la mode. — Nos soldats portent des pantalons *garance*. — Des rideaux *pourpre*, retenus par des cordons *écarlate*, rendent nos salons *clair obscur*. — Ma *feu* mère voulait une salle *fort* éclairée, parce que la *demi*-obscurité amollit. — *Feu* ma tante, au contraire, s'en trouvait *tout* heureuse,

172. — *Quelque* s'écrit de trois manières.

Devant un verbe, il s'écrit en deux mots. *Quel* s'accorde avec le sujet du verbe (1) et *que* reste invariable. Ex.: *Quelles* que soient les vertus d'un enfant, gardez-vous bien de l'abandonner à lui-même. *Quelles* s'accorde avec *vertus*.

Quelque devant un nom s'accorde avec ce nom. Ex.: L'homme fait *quelques* pas sur la terre, lève pendant *quelques* jours les yeux vers le ciel et les referme pour jamais.

Notez que *quelque* peut précéder un nom singulier. Ex.: La sagesse humaine est toujours courte par *quelque* endroit.

Quelque, devant un adjectif ou un participe, est adverbe et invariable. On peut alors le remplacer par *si*. Ex:

Justes, ne craignez point le vain pouvoir des hommes,

Quelque élevés qu'ils soient, ils sont ce que nous sommes. (C'est-à-dire *si* élevés qu'ils soient).

Quelque employé pour *environ* est adverbe et invariable. Ex.: Il y a *quelque* quatorze siècles que Clovis fonda la monarchie française.

Enfin *quelque* suivi d'un adjectif et d'un nom peut s'accorder ou rester invariable. Il s'accorde s'il fait partie d'un sujet, d'un complément ou d'un attribut, quand cet attribut est placé après le verbe. Ex.: *Quelques* bons livres bien médités donnent la sagesse et chassent l'ennui. (*Quelques* s'accorde avec livres, sujet de donnent et de chassent). — L'orgueilleux n'écoute pas, *quelques* bons conseils qu'on lui donne. (*Quelques*

______

(1) Et en est l'attribut.

s'accorde avec conseils, complément ind. de écoute). (1)

Il reste invariable s'il fait partie d'un attribut précédant le verbe être ou les verbes à attribut, *naître, sembler,* etc. Ex.: *Quelque* bons élèves que paraissent ces enfants, ils sont loin d'être parfaits. — Élèves est attribut de enfants, donc *quelque* est invariable. En ce cas *quelque* peut encore se remplacer par *si.*

CXXIII. — Appliquer les règles précédentes.

Quelque dissimulés que soient les méchants, Dieu connaît les moindres replis de leurs cœurs.

Quelque vains lauriers que promette la guerre,
On peut être héros sans ravager la terre. (2)
Souvent le malheureux sourit parmi ses pleurs
Et voit *quelque* plaisirs naître au sein des douleurs. (3)
Quelque crimes toujours précèdent les grands crimes.(4) — *Quelque* méchants que soient les hommes, ils n'oseraient paraître ennemis de la vertu.(5)— Il y a *quelque* quatre siècles que Christophe Colomb découvrit l'Amérique. — De *quelque* superbes distinctions que se flattent les hommes, ils ont tous une même origine. (6) *Quelque* fins politiques que fussent Burrhus et Sénèque, ils ne purent deviner le cœur de Néron. (7) — *Quelqu'*ait été la gloire des grands sur la terre, elle a toujours à craindre l'envie qui cherche à l'obscurcir. (8) — L'étude de l'histoire est la plus nécessaire aux hommes,

---

(1) *Quelque* s'accorde quand on peut le remplacer par un article.

2. Boileau. — 3. A. Chénier. — 4. J. Racine. — 5. La Rochefoucauld.— 6. Bossuet. — 7. St.-René. — 8. Massillon.

quelque soient leur âge et la carrière à laquelle ils se destinent. (1) — N'entreprenez rien témérairement, mais quand vous avez résolu *quelque* chose, exécutez-*le* avec vigueur. (2) — *Quelque* esprit que vous ayez, dites *quelque* chose qui vaille mieux que le silence, ou taisez-vous. (3) — *Quelque* lumières que l'on ait, rien n'est si aisé que de se tromper. (4) — Une femme, *quelque* grands biens qu'elle apporte dans une maison, la ruine bientôt, si elle y introduit le luxe. (5) — Les jeux de hasard, *quelque* médiocres qu'ils paraissent, sont toujours chers et dangereux. (6) — *Quelque* bons poëtes que fussent les *Sophocle* et les *Euripide*, nos *Corneille* et nos *Racine* les ont *égalé*. — *Quelque* soient les efforts de la Prusse, *quelque* soient ses armements et le nombre de ses soldats, nous finirons par être les plus forts si nous sommes les plus vertueux.

173. — *Tout* fait au pluriel *tous*. (7)

Tout devant un nom s'accorde avec ce nom : *toute* puissance est faible à moins que d'être unie. (8) *Toute* âme est l'image de Dieu.

Devant un adjectif ou un participe que ne suit immédiatement aucun nom, ou devant un nom indéterminé (9) employé comme attribut. *tout* signifie *totalement* est adverbe et par conséquent invariable. Ex.: Ces enfants

---

1. Ségur. — 2. Fénelon. — 3. Boiste. — 4. Pascal. — 5. Fénelon. — 6. Mme de Genlis.

7. *Tout* fait au pluriel *touts* quand il est nom : Les mots sont des *touts* syllabiques.

8. La Fontaine.

9. C'est-à-dire non précédé d'un article.

sont *tout* feu, *tout* ardeur pour s'instruire, ils sont *tout* heureux de satisfaire leurs parents.

Cependant *tout,* quoique adverbe, s'accorde par, raison d'euphonie, si l'adjectif, le participe ou l'attribut qui le suit est féminin et commence par une *consonne* ou une *h aspirée.* Ex.: L'âme *toute* pure fait le délice des cieux. — Jeanne d'Arc était *toute* hardiesse. — Le chien est *tout* zèle, *tout* ardeur et *tout* obéissance. [1]

On écrit : des étoffes *tout* laine, *tout* soie. De même on écrit, selon le sens : cette femme est *tout* en pleurs *(*éplorée*)*; ces femmes son*t* *toutes* en pleurs *(*c'est-à-dire *toutes* ces femmes sont en pleurs*)*.

Remarquez qu'on écrirait avec *tout* invariable :

La sagesse est *tout* autrement désirable que la richesse, parce que *tout* est suivi d'une voyelle.

Tout suivi de *autre,* s'accorde avec le nom qui suit, quand il n'est pas précédé de *une* ou *de* (pluriel partitif de *une*). Ex.: *Toute* autre voix que celle de la religion et de la raison est trompeuse ; ne l'oubliez pas, mes enfants, et gardez-vous bien de croire ceux qui vous parlent d'une *tout* autre façon.

Dans le premier cas, *tout* est *article;* dans le second, il est *adverbe.*

CXXIV. — Appliquer la règle de *tout.*

Aimez d'un égal amour *tout* vos frères et *tout* vos sœurs. Montrez-vous envers *tout,* *tout* généreux, *tout* indulgents ; mais surtout envers eux. Évitez *tout* jalousie *tout* rapports. Que la société de la famille soit *tout* belle, *tout* affectueuse, *tout* sainte. Acquérez-y *tout* les

____

(1) Buffon.

qualités qui rendent la vie de famille *tout* joie, *tout* félicité, *tout* amitié, et qui font chérir des autres hommes, même de ceux dont la conduite est *tout* autre. L'intimité ne dispense pas d'être poli avec ses frères, ses sœurs et ses condisciples, *tout* brusques qu'ils peuvent être. Craignez *tout* ce qui peut leur causer la moindre peine. *Tout* autre conduite serait blâmable et vous attirerait *tout* autre chose que de la joie. — On perd souvent *tout* ses amis en perdant *tout* ses biens.(1) — *Tout* âme ambitieuse et inquiète est incapable de règle. (2) *Tout* arbre qui ne porte aucun fruit sera coupé et jeté au feu. (3) *Tout* Marseille admira la charité de Mgr de Belzunce (4). *Tout* Rome est couverte de monuments. (5) Une âme purifiée par la pénitence devient *tout* autre. (6) La valeur, *tout* héroïque qu'elle est, ne suffit pas pour faire des héros. (7) Vous méritez *tout* une autre fortune (8). L'enfant gâté est rarement satisfait de ce qu'on lui donne : il demande sans cesse *tout* autre chose. Travaillons, c'est notre devoir; quant au succès, c'est *tout* autre chose : il dépend de Dieu seul.

174.— *Même* est adverbe, signifie *aussi, de plus* et reste invariable, 1o quand il modifie un verbe ou un adjectif. Ex.: Les animaux les plus cruels *même* connaissent la main qui les nourrit. — Exempts de maux réels, les hommes s'en forment *même* de chimériques. 2o Après plusieurs noms. Ex.: La résurrection de J.-C. attache

----

1. Destouches. — 2. Bossuet. — 3. Évangile. — 4. Sous-entendu le *peuple*. — 5. Sous-ent. la ville. — 6. Massillon. — 7. La Fontaine.

8. Tout invariable suivi de *une* d'après Bescher.

à son char, les principautés et les puissances *même* de l'enfer. [Massillon] 3° Devant un adjectif. Ex.: Les succès, *même* les plus glorieux, ne sont pour l'envieux que l'effet du hasard. [id.]

Même s'accorde, 1° quand il précède le nom. Ex.: La vérité trouve encore aujourd'hui sur la terre les *mêmes* ennemis qui l'attachèrent autrefois avec J.-C. sur la croix. [id.] 2° Après un pronom. Ex.: Nos faibles travaux ne sont plus comptés pour rien, dès que nous les comptons nous-*mêmes* pour quelque chose. [id.] 3° Et en général après un seul nom. Ex.: Il est triste, mais nécessaire de rendre l'enfant malheureux par instants, puisque ces instants *mêmes* de malheur sont les germes de son bonheur à venir.   [Buffon]

Après un seul nom pluriel, même peut rester invariable lorsque ce nom en suppose d'autres sous-entendus avant lui : Les plus braves *même* tremblent au premier coup de canon, s. ent. les poltrons, les timides, les plus braves *même*.   [D'après Larousse]

4° Quand il est employé comme attribut. Ex.: A la ville, à la cour, les sots sont les *mêmes*.

CXXV. — Appliquer la règle de *même*.

Les *même* vertus qui servent à fonder un empire servent aussi à le conserver. [1] Comment prétendons-nous qu'un autre garde notre secret si nous ne pouvons le garder nous-*même* [2] Ceux qui aiment le travail ont assez d'eux-*même*. [3] Les mauvais princes nuisent plus par l'exemple qu'ils donnent que par leurs fautes *même*.

---

[1] Montesquieu. — [2] La Rochefoucauld. — [3] La Bruyère.

[1] Les armées victorieuses *même* se dérèglent dans les temps de confusion. [2] Nos dogmes, *même* ceux que la raison peut comprendre, sont rendus croyables par la raison. [3] Tous les hommes, *même* les plus vicieux, témoignent une constante admiration pour les vertus éminentes [4]C'est la reconnaissance qui porta autrefois les hommes à se faire des dieux *même* de leurs bienfaiteurs. [5] On ne méprise point un charpentier; au contraire il est bien traité et bien payé : les bons rameurs *même* ont des récompenses sûres. [6]

175. — *Vingt* s'accorde dans *quatre-vingt, six-vingt, et quinze-vingt,* quand il n'est pas suivi d'un autre nombre Ex.: Après le déluge, la vie humaine fut réduite à moins de *six-vingts* ans.   [Bossuet]

Vingt reste invariable s'il est suivi d'un autre nombre. Ex.: Napoléon Ier envahit la Russie à la tête de quatre cent quatre-*vingt* mille hommes.

Cent suit la même règle. On écrira donc : On prétend que le chêne vit six *cents* et même six *cent* quatre-*vingts* ans.

Vingt et *cent* employés pour *vingtième, centième,* sont invariables. Ex.: Charlemagne fut couronné empereur d'Occident l'an huit *cent.*

Cent s'accorde s'il est nom : Deux *cents* de fagots.

176. — *Mille* signifiant *dix centaines* est invariable. Ex.: Onze cent *mille* personnes périrent au siége de Jérusalem.

Pour désigner les années depuis l'an 1000 jusqu'en 1999 après J.-C. on écrit *mil.* Ex.: La bataille de

---

[1] *** — [2] Fénelon. — [3] De la Luzerne. — [4] Sacy. — [5] Massillon. — [6] Fénelon.   7 *

Marengo fut gagnée le 14 Juin *mil* huit cent.

Mille (abrégé de mille pas) mesure itinéraire employée en Italie, en Allemagne et en Angleterre est nom et prend une *s* au pluriel. Ex.: Les *milles* d'Angleterre valent seize *cent* neuf mètres.

177. — *Millier, million, milliard, billion, trillion,* etc., prennent aussi une *s* au pluriel. Ex.: La France ne compte plus que 36 *millions* d'habitants

On ne lie, par un trait d'union, que les nombres au-dessous de cent. Ex.: Vingt-neuf, deux cent trente-sept. *(1)*

CXXVl. — Écrire les noms des nombres.

L'Amérique fut découverte l'an 1492. — Saül fut élu roi l'an 1080 avant Jésus-Christ. — Léonidas et ses 300 Spartiates massacrèrent 20,000 Perses aux Thermopyles, l'an 480 avant notre ère. — Le budget de la France s'élève à 2,600,000,000 de francs. — Le soleil est 1,257,000 fois plus gros que la terre, dont il est éloigné de 30,600,000 myriamètres. — La lieue ancienne valait 4,444 mètres. — Ce livre contient 600 pages. — Je l'ai lu jusqu'à la page 280. — Nous avons acheté 300 de fagots. — Napoléon 1er mourut en 1821. — Le combat des 30 est resté célèbre en Bretagne. — Jeanne d'Arc fut brûlée le 30 Mai 1431.

178. -- *Notre, votre, leur, nos, vos, leurs.*

Quand plusieurs individus possèdent un seul objet,

---

(1) On écrit vingt *et* un, trente *et* un, quarante *et* un, cinquante *et* un, soixante *et* un, septante *et* un ou soixante *et* onze, quatre-vingt-un, quatre-vingt-onze ou nonante *et* un, cent un, mille un.

on met le nom de cet objet au singulier : Ces enfants ont perdu *leur* mère (les enfants sont frères), et si plusieurs individus possèdent ensemble plusieurs objets, on met le pluriel : Job et sa femme ne voyaient pas du même œil la perte de *leurs* enfants.

Mais si chaque possesseur possède un objet différent, on met *notre, votre, leur* au pluriel quand il y a *réciprocité, comparaison* ou *simultanéité* d'action, sinon on les met au singulier. Ex.: Des larmes coulèrent, malgré moi, de mes paupières, lorsque tous mes compagnons, ôtant *leurs* chapeaux goudronnés, vinrent à entonner, d'une voix rauque, *leur* simple cantique à Notre-Dame de Bon-Secours. (1) (Ils les ôtent en même temps). — Ils s'entretenaient de *leurs* épouses. (2) (Réciprocité).

CXXVII. — Expliquer les exemples suivants :

Ce sont les richesses des nations qui causent *leur* ruine. — Dieu s'annonce à *nos* cœurs par la voix du remords. (3) — Le bonheur se trouve dans *notre* propre cœur. — Il n'y a rien que les hommes aiment mieux à conserver et qu'ils ménagent moins que *leur* propre vie. — Les matelots, luttant contre les flots, l'aperçoivent (la croix) de plusieurs *milles* et l'invoquent, tandis que *leurs* femmes, tout éplorées, l'entourent en faisant retentir la grève de cris et de prières. (4) (Les femmes de tous les matelots). — *Leurs* cheveux que le temps a blanchis, *leur* front que la guerre a cicatrisés, tout en eux respire le respect. *Leurs* traits sont abattus, *leur* corps chan-

---

1. Chateaubriand. — 2. Larousse. — 3. Bernis. — 4. Droz.

celle et la mort observe *leurs* pas sans les effrayer. (1)

CXXVIII. — Les morts, debout dans *leur* niche, (2) sont vêtus des différents costumes qu'ils ont portés pendant *leur* vie —Les *Pascal* et les *Pope* se sont immortalisés par *leur* génie. — *Quelques* hommes parfois ont suffi pour bouleverser *leur* patrie et cela pour usurper la première place parmi *leurs* concitoyens ; et le succès de *leurs* crimes *leur* a valu des honneurs, et *leurs* noms, souillés de sang , n'en ont eu que plus d'éclat, et des scélérats heureux sont devenus les plus grands hommes de *leur* siècle. (3) — On y montrait encore les puits qu'ils (les patriarches) avaient creusés pour abreuver *leur* famille et *leurs* troupeaux. (4) — Je n'ai jamais vu (sans émotion) ces jeunes acolytes vêtus de *leurs* robes blanches, ceints de *leurs* larges rubans bleus et jetant des fleurs devant le saint Sacrement. (5) — Elle ne pouvait souffrir les plantes difformes de nos parterres avec *leurs* têtes si richement parées. (6)

CHAPITRE XV.

Accord de l'Adjectif, du Pronom, du Verbe et du Participe. — Règles communes.

179.—Tout verbe, adjectif, participe ou pronom qui se rapporte à plusieurs noms , se met au pluriel. Ex.: La verge et la correction *donnent* la sagesse ; mais l'enfant

---

(1) Necker. Les Invalides, il nous semble qu'on devrait mettre *leurs fronts* : l'auteur parlant des Invalides en général.

(2) Il y a bien ici idée d'ensemble, il faudrait donc le pluriel.

3. Massillon.— 4. Bossuet. — 5. Diderot. — 6. De Jcsson.

qui est abandonné à sa volonté, couvrira sa mère de confusion. (Proverbes). — Mon père et ma mère, *aux-quels* je dois tout après Dieu, me *seront* toujours *chers*.

EXCEPTIONS :

180. — Quand les noms sont unis par *ou*, ou *synonymes*, (1) ou placés par *gradation*, (2) l'adjectif, le pronom le verbe et le participe s'accordent avec le plus près.

Quel que *soit* le nombre ou la valeur des soldats, c'est Dieu qui donne la victoire. *Quel* et *soit* s'accordent avec *nombre*. Ex.: La vie de l'homme sur la terre est une lutte, un combat *continuel*. — Un souffle, une ombre, un rien *effraye* le coupable.

181. — Toutefois quand les sujets unis par *ou* sont de différentes personnes, le verbe se met au pluriel et à la personne qui a la priorité. Ex.: Vous *ou* votre frère obtiendrez le prix. (3)

-----

(1) On appelle *synonymes*, des mots qui expriment la même idée. Ex.: Napoléon Bonaparte rétablit la religion catholique en France. Les deux mots *Napoléon* et *Bonaparte* désignent le même homme et c'est pour cela qu'on met le verbe au singulier. Il en est de même s'il s'agit d'un être métaphysique. Ex.: La *soumission*, l'*obéissance* est la plus belle vertu des enfants.

(2) On appelle gradation, une suite de mots qui expriment des idées de plus en plus ou de moins en moins élevées. Ex.: Une démarche, une parole, un salut nous réconcilie avec nos ennemis. (Gradation descendante). — Une chaumière, un château, un palais même, ne peut donner le bonheur, si la vertu en est absente. (Gradation ascendante).

(3) La première personne a la priorité sur la seconde, et celle-ci sur la troisième.

On met encore le verbe, l'adjectif et le participe au pluriel, quand l'idée qu'ils expriment peut convenir aux deux sujets unis par *ou :* Le temps *ou* la mort *sont* nos remèdes. — Les Samoyèdes se nourrissent de chair *ou* de poisson *crus.*

Quand le nom qui suit *ou* n'est que l'explication du premier, le verbe s'accorde avec le premier. Ex.: L'équateur ou ligne équinoxiale *est situé* à égale distance des pôles.

182. — Tout verbe qui a pour sujet *l'un et l'autre, ni l'un ni l'autre,* ou deux noms unis par *ni,* se met au pluriel, bien que le nom reste au singulier. Ex.: L'un et l'autre *général ont* fait leur devoir. — Ni l'or ni la grandeur ne nous *rendent* heureux.

Toutefois si l'action ne peut être faite par tous deux en même temps, le verbe s'accorde avec le plus près. Ex.: Ni l'un ni l'autre *n'obtiendra* le prix d'honneur.

183, — Quand les sujets sont unis par *et non* et par *mais non,* le verbe et le participe s'accordent avec le premier : C'est la vertu *et non* le succès qui *sera récompensée* au dernier jour.

CXXIX — Tous les verbes sont au singulier, l'élève les fera accorder, ainsi que les adjectifs et les pronoms.

Le double poids et la double mesure *est abominable* devant Dieu ; *il perdra* ceux qui les *emploie.*—La sagesse et la puissance du Créateur, aussi *visible* dans la structure du limaçon que dans celle du lion, *se manifeste* dans toute la nature.—*Quel* que *soit* la science et la vertu d'un homme, *elle* ne *doit* pas l'éblouir. — *Tel était* la sagesse et la fertilité tant *vanté* de l'antique

Égypte.—Un jour, une heure, un moment suffit pour dé-cider du bonheur ou du malheur *éternel* de l'homme.— Un sot ou un ignorant *qui* ne *dit* mot, ne *se distingue* point d'un savant ou d'un homme d'esprit *qui* ne *parle* pas. — L'homme de bien est trop confiant : sa candeur, son innocence le *rend* dupe des méchants. — Il n'y a rien que la crainte ou l'espérance ne *persuade* aux hommes. — Le bonheur ou le malheur des peuples *se trouve* dans la main de ceux qui les *gouverne*.

CXXX. — *Quel* que *soit* ses penchants, le sage les sur-monte.-C'est de nous que *dépend* ou la gloire ou la honte. — On appelle embouchure l'endroit où un fleuve ou une rivière *se jette* dans la mer.— Les mystères de la nature sont l'effet d'une sagesse ou d'une puissance *supérieure* à notre intelligence. — L'homme vertueux est celui que ni l'appât des richesses, ni la crainte de la mort ne *saurait* déterminer à commettre une action criminelle. — Cincinnatus et Fabius, tout païens qu'ils étaient, honoraient les dieux : ni l'un ni l'autre n'*entreprenait* rien sans les consulter.—Ni l'un ni l'autre *rival* ne *devint* roi. — Ni mon grenier ni mon armoire ne *se remplit* à babiller. (1) — Ton général et toi *fut blessé* dans cette bataille. — *Quel n'est* pas la fortune ou les honneurs dont l'incapacité se croit digne ! — L'homme ne doit pas compter sur la vie : une vapeur, un grain de sable *suffit* pour le tuer. — L'autorité suprême, le pouvoir souverain sur un pays *est* dans la main de Dieu ; et c'est lui qui y suscitera, en son temps, un prince, un roi *qui* le *gouverne* sagement. — L'orgueil ou superbe *est haï* de Dieu ; et toute injustice, toute iniquité des nations

____

(1) La Fontaine.

est *exécrable*. — Un royaume, un empire *est transféré* d'un peuple à un autre à cause des injustices, des violences, des outrages et des différentes fourberies. (1)

184. — Quand les sujets sont unis par *comme, de même que, ainsi que*, *aussi bien que, non moins que, non plus que, autant que*, l'adjectif, le pronom, le verbe et le participe s'accordent avec le premier. Ex.: L'homme, ainsi que la vigne, a besoin de support. A s'accorde avec l'*homme*.

185. — Quand les sujets sont unis par *plus que* et par *moins que*, l'accord a lieu avec celui qui fait le plus l'action. Ex.: C'est la vertu, bien plus que les richesses, qui *donne* le bonheur; c'est pourtant bien moins la vertu que les richesses qui *sont recherchées*.

186. — Si les sujets unis par *avec* désignent des êtres du même rang, le verbe se met généralement au pluriel. Ex.: Le singe avec le léopard *gagnaient* de l'argent à la foire. (2) — Dans le cas contraire le verbe s'accorde avec le supérieur. Ex.: Saül avec tout Israël se *livra* à la joie. (3)

187. — *Plus d'un*, veut le verbe qui suit au pluriel, quand il exprime la réciprocité. Ex.: Plus d'un fripon se *dupent*.

Après *un de*, le *premier de*, le *seul de*, le verbe s'accorde, selon le sens, tantôt avec ces mots, tantôt avec le nom qui suit. Ex : J'ai lu dans Froissard la description d'un des plus épouvantables orages qui *aient* effrayé nos pères, et qui *joue* un assez beau rôle dans notre histoire. (4)

---

(1) Sainte-Bible. — (2) La Fontaine. — (3) F. Ansart. — (4) A. Martin.

Même règle pour les adjectifs, les participes et les pronoms.

Expliquer les exemples suivants :

CXXXI. — Toute religion, comme tout gouvernement, *est* basé sur la piété filiale. — La fortune, de même que les dignités, *rend* communément les hommes orgueilleux; mais, c'est l'adversité, le malheur qui les *rend* sages. — L'envie, ainsi que les autres passions, *est incompatible* avec le bonheur. — C'est la réflexion, non moins que l'étude, *qui* nous instruit. — L'histoire, autant que la géographie, *intéresse* ceux qui *l'étudie*. — C'est l'intempérance, de même que l'oisiveté, *qui perd* les hommes. — C'est bien plus souvent une volonté forte que les moyens *qui* nous *manque*. — C'est bien plus souvent la crainte que les maux réels *qui tourmente* l'homme.

CXXXII.— C'est le général bien plus que les soldats *que* l'on a *accusé* de nos désastres: C'est parfois moins la vertu que les richesses *qui tente* les hommes. — Saint Louis est un des meilleurs rois qui *ait* régné. — L'un des plus beaux coups de canon qui *ait* été tiré, le fut par un écolier pendant le siége d'Orléans en 1429. (1) — Plus d'un père, plus d'une mère *s'aveugle* sur les défauts de leurs enfants. — Plus d'une Jeanne célèbre *honora* la France. — Plus d'un pécheur mourant regrette sa vie passée.

188. — On appelle collectif, tout mot qui, au singulier

----

(1) Il tua le général en chef des ennemis.

éveille l'idée de plusieurs objets de même nature réunis en un seul, comme un régiment qui est composé de plusieurs soldats.

Le collectif est *général* quand il désigne tous les objets. La multitude des étoiles illumine l'étendue. Il est *partitif,* s'il ne désigne qu'une partie des objets. Ex. : Une multitude d'étoiles brillent à nos yeux. (Nous ne les voyons pas toutes). (1)

Tout verbe qui exprime une action pouvant être faite également par le collectif ou par le nom, s'accorde avec ce collectif s'il est général. Ex.: *La foule* des adorateurs du vrai Dieu, se *compose* de malheureux qu'il a éprouvés. Et avec le nom complément, si le collectif est partitif. Ex.: *Une foule* de Normands *dévastèrent* nos contrées vers 880.

Mais l'accord doit toujours se faire avec celui des deux, *collectif* ou *nom,* qui fait le plus naturellement l'action. Ex.: *Un torrent* de pleurs *inonda* le visage de

---

(1) On appelle syllepse, l'accord d'un mot avec tout autre que celui auquel il se rapporte naturellement par la forme de la phrase. Ex.: Tout le peuple d'Israël s'assit pour manger et pour boire, et ils se levèrent pour jouer. Grammaticalement, il faudrait : il se leva, mais, l'auteur nous peint l'universalité de la révolte, par ces mots tout le peuple, puis la pensée se reporte sur les individus. — De là, ils se levèrent. — Dieu a chargé chaque homme du soin de son prochain, s'ils ne le font pas, Dieu en sera le vengeur. (Bossuet).

L'accord avec le complément du collectif ou de l'adverbe de quantité, est un accord sylleptique. En ce cas le collectif est sujet grammatical du verbe, le nom en est le sujet logique, en même temps qu'il est complément indirect du collectif.

cette bonne mère, quand elle entendit mentir son enfant. (C'est le *torrent* qui inonde).

Quand il y a deux verbes, il arrive souvent que le premier s'accorde avec le *nom* et le second avec le *collectif*. Ex.: *La race* des FORTS qui ne REDOUTENT point le travail, *dominera*, les paresseux seront dans l'esclavage. (Proverbes).

189.--Tout verbe qui a pour sujet un *adverbe de quantité*, s'accorde avec le *nom,* exprimé ou ellipsé, *complément* de cet adverbe. Ex.: *Beaucoup* de personnes *sentent* la nécessité de la correction, mais *peu veulent* la souffrir. (Proverbes).

190.—Cependant, après *le peu,* le verbe, le participe, le pronom et l'adjectif ne s'accordent avec le *substantif* que quand le sens permet de supprimer *le peu.* Ex.: Le peu de *services* qu'on a *rendus* à ses amis ne *doivent* jamais leur être *reprochés.* On peut dire : les services qu'on a rendus. (1)

Ils s'accordent avec *le peu*, si le sens ne permet pas de le supprimer. Ex.: *Le peu* d'égards que vous avez *témoigné* à vos parents, vous *a fait* mépriser. (On ne peu dire évidemment : *les égards* vous ont fait mépriser. *Les égards* n'existant pas ne peuvent déterminer l'accord).

Il importe donc de bien comprendre le sens de la phrase qui d'ailleurs peut offrir les deux accords. Ex.: LE PEU de *grains* qu'on a *recueillis* et *conservés,* EST

----

(1) On trouve cependant : *Le peu* de connaissances qui *restait* chez les *Barbares, fut* perpétué dans les monastères.

PORTÉ à un prix qui effraie l'indigence et qui pèse même à la richesse.

La *moitié*, le *tiers*, le *quart*, le *reste* veulent le verbe qui suit au singulier, quand le sens ne s'y oppose pas. Ex.: La *moitié* des humains *rit* de l'autre moitié. — Ces règles s'appliquent aux adjectifs, participes et pronoms.

Appliquer les régles précédentes.

CXXIII.—Une troupe de Normands *dévastait* nos contrées vers l'an 885.—La Gaule était divisée en un grand nombre de principautés qui se *déchirait* entre elles. — Une nuée de Cosaques, à demi *sauvage*, ne *cessa* de harceler notre arrière-garde —Assez de gens *méprise* le bien; mais peu *sait* le donner. — La nuée de sauterelles qui *désola* l'Égypte, *était* si *considérable* que toute la terre en fut couverte. — Nombre de gens *redoute* encore les effets de la lune rousse. — Samson trouva dans la gueule du lion un essaim d'abeilles *qui y avait* fait un rayon de miel. — La plupart des fruits *destiné* à la nourriture de l'homme, *flatte* sa vue et son odorat. —

La plupart *emporté* d'une fougue insensée,
Toujours loin du droit sens *va* chercher *sa* pensée. (1)

CXXIV.—Les Gueux étaient un ramassis de vagabonds et de fainéants qui, sous prétexte de réforme religieuse et politique, ne *songeait* qu'à piller.—Beaucoup de curés *qui tomba* entre leurs mains *fut égorgé*. Une de leurs bandes *dévasta* Loos, une autre Marchiennes. Mais la plupart *fut exterminé* à Seclin, à Vred, à Lanuoy et à

____

(1) Boileau.

Wattrelos en 1567; le reste se *dispersa*. — La multitude du peuple *est* l'honneur du roi, mais le petit nombre des sujets en *est* la honte. (1) — Le peu de soldats qui *a échappé* au désastre de Sedan, *s'est réfugié* en Belgique, où *il a été traité* en frère — Le peu de succès que nous avons *obtenu* dans la dernière guerre, nous *a humilié*. Enfants c'est à vous d'employer le peu d'années *qui* vous *est accordé* pour vous instruire à préparer une éclatante revanche. — Peu de personnes *a* le don de conseil, moins encore en *a* le courage.

191. — Les gens bien élevés emploient fréquemment *nous* pour *je* et *vous* pour *tu*. En ce cas, le verbe seul se met au pluriel. Ex.: Mon enfant, si vous êtes sage, vous serez béni de Dieu.

192. — Tout verbe qui a pour sujets plusieurs infinitifs, se met au pluriel. Ex.: *Lire trop* et *lire trop peu*, *sont* deux défauts.

Mais quand l'attribut est au singulier, il vaut mieux laisser le verbe au singulier, en le faisant précéder du pronom *ce* qui forme pléonasme, résume tous les autres sujets et commande l'accord. Ex.: *Pouvoir vivre* avec soi-même et *savoir vivre* avec les autres, *c'est* la science de la vie.

193. — Il en est de même avec les mots *tout, rien, personne, chacun, aucun, nul, tout le monde*, etc. Ex.: Sujets, amis, parents, *tout deviendra stérile* (à la mort); c'est-à-dire : sujets, amis, parents deviendront stériles, *tout deviendra* stérile.

194. — Accompagné de *ce*, le verbe *être* se met au *pluriel*:

---

(1) Prov. XV, 28).

1º lorsqu'il est suivi d'une *troisième personne plurielle*. Ex.: Ce que nous voyons le moins, *ce sont* les *défauts* qui nous humilient. (1) 2º Ou d'une énumération : Il y a trois vertus théologales : *ce sont* la *Foi*, l'*Espérance* et la *Charité.* (2) Mais il reste au *singulier* quand il est suivi de *plusieurs noms singuliers*. Ex.: *C'est* l'*ivrogne-rie* et le *libertinage* qui mettent tant de familles dans une affreuse pauvreté.

Par euphonie on écrit au pluriel : *fût-ce* au lieu de *fussent-ce* et *sera-ce* au lieu de *seront-ce*. Notez bien qu'on dit : Ce n'est pas moi qui *ai* fait cette faute, en mettant le verbe à la première personne, parce que le sujet *qui* prend le genre, le nombre et la personne de son antécédent *moi,*

Appliquer les règles.

CXXXV.—Être né grand et vivre en chrétien n'*a* rien d'incompatible. — Voir les choses ce qu'elles sont et les estimer ce qu'elles valent, *c'est* le moyen de ne pas éprouver de désappointements.—C'*est* les Égyptiens qu'on a vus les premiers observer le cours des astres, régler l'année et inventer l'arithmétique. — C'*est* l'or-gueil et la mollesse de certains hommes qui mettent tant de familles dans une affreuse pauvreté. — C'*est* l'ambition ou l'avarice, *déguisé* sous le faux nom de gloire, qui *porte* les hommes à devenir conquérants.— Il y a cinq parties du monde : c'*est* l'Europe, l'Asie,

---

(1) Il faut toujours, pour que le verbe s'accorde, que le pronom *ce* soit en rapport avec un nom ou un pronom pluriel.

(2) *Ce* peut alors se remplacer par *qui.*

l'Afrique, l'Amérique et l'Océanie. — Quels hommes, *fût-ce même* les plus grands génies du monde, sont capables de faire un seul grain de blé ? — Ce *fut* les Phéniciens qui inventèrent l'écriture. — Le temps, les biens, la vie, tout *est* à la patrie.

CHAPITRE XVI.

Remarques sur certains Participes.

195.—Le *participe* d'un *verbe impersonnel* est toujours *invariable*. Ex. : Les chaleurs excessives *qu'il a fait* ont nui aux récoltes.

196.— Le *participe*, suivi d'un infinitif, est invariable toutes les fois que l'infinitif ne peut se changer en participe présent. Ex. : Les arbres que nous avons *vu* planter, nous les avons *vus* mourir. (1)

197.—Le participe *fait*, suivi d'un infinitif, est toujours invariable, même quand l'infinitif peut se changer en participe présent.

198.—*Dit, cru, pensé, estimé, souhaité, soupçonné, jugé, désiré* et autres analogues sont invariables quand ils sont suivis de *être*. Ex.: Les richesses que l'on a *cru être* la source du bonheur, ont trompé les espérances qu'elles avaient *fait* naître.

(1) L'infinitif qui peut se changer en participe présent est attribut du comp. direct. Ainsi *mourir* est attribut de *les*.

199 — *Dû, pu* et *voulu*, suivis d'un infinitif, exprimé ou sous-entendu, sont invariables. Ex : Les bons fils sont ceux qui ont rendu à leurs parents tous les services qu'ils ont *pu* (sous-entendu leur rendre).

200. — Les participes *eu* et *donné*, suivis d'un infinitif précédé de *à*, peuvent généralement s'accorder ou rester invariables. On écrit donc : Les paresseux négligent les leçons qu'on leur a *données* ou *donné* à étudier.

201. — Le participe passé est invariable s'il a pour complément le pronom *le* mis pour une *proposition* ou un *infinitif*. Ex.: La pluie cessa comme Élie *l'*avait *annoncé* (c'est-à-dire avait annoncé que la pluie cesserait).

202. — Le participe qui n'a pas d'autre complément direct que *en*, reste invariable. Ex.: Dieu nous a imposé à tous des devoirs et nous châtiera si nous *en* avons *négligé*.

On écrit : Les deux cents kilog. de laine que j'ai *achetés* sont *arrivés*.

203. — *S'imaginer* peut s'accorder quand il signifie *se croire* et n'est pas suivi d'un infinitif.—*Laissé* est d'ordinaire invariable quand il est suivi d'un infinitif actif ; il s'accorde si cet infinitif est neutre. Ex.: Héli fut puni, ainsi que ses enfants, pour les fautes qu'il leur avait *laissé* commettre. On nous a *laissés* partir en paix. (1)

Faire accorder les participes suivants :

CXXXVI.-La mort seule nous révélera le mérite du peu de bonnes œuvres que nous avons *accompli*. — Le peu de reconnaissance que nous avons *témoigné* à Dieu pour les bienfaits que nous en aurons *reçu, sera* publiquement

----

(1) M. LAROUSSE veut qu'il suive toujours la règle générale.

dévoilé. (1) — Le sage est *devenu* sage à cause du peu d'attention qu'il a *donné* au peu de conseils qu'il a *reçu;* et l'insensé est resté insensé à cause du peu d'attention qu'il a *apporté* aux avis qu'on lui a *prodigué.* — L'attention est cette action par laquelle l'âme concentre sur un point, le peu d'intelligence que la Providence lui a *départi.* — Dieu veille sur les siens, il compte les efforts qu'ils ont *fait* pour le servir et ne laisse point dans l'oubli la race du juste.

CXXXVII. — C'est pour elle que la manne est *tombée* du ciel, qu'il a *fait* jaillir l'eau du rocher, que l'eau s'est *changé* en vin et que les pains se sont *multiplié* dans les mains des apôtres.—L'œil flatteur et doux causera de la douleur à ceux qui s'y seront *laissé* tromper, et les insensés seront *blessés* par les lèvres des méchants qu'ils se seront *plu* à écouter. (2) On sait les rudes combats que les chrétiens ont *eu* à essuyer dès la naissance de l'Église. (3) — Les écoliers paresseux se sont *endormi* sur le peu de devoirs qu'on leur a *donné* à faire, et on les a *vu* négliger les leçons qu'ils ont *eu* à étudier. — Les insensés croient qu'on approuve toutes les sottises qu'on leur a *laissé* faire. — Il est écrit que Dieu n'a pas *révélé* ses jugements aux gentils, mais qu'il les a *laissé* errer dans leurs voies. (4)

CXXXVIII.-*Quelques* forçats se sont *échappé* du bagne, mais qui s'échappera de l'enfer? Dieu a *renversé* les trônes des princes superbes, *quelque* puissants qu'ils fussent, et il y a fait asseoir ceux qui s'étaient *complu* dans l'hu-

---

(1) On peut aussi mettre *dévoilée*, mais alors le sens change.
(2) Proverbes. — (3) Bourdaloue. — (4) Bossuet.

milité et qui ne s'étaient point *prévalu* pour l'offenser des dons qu'il leur avait *prodigué.*-Le Seigneur a *détruit* sur la terre les nations qui s'étaient *enflé* d'orgueil; sa justice s'est *plu* à les abaisser; elle les a *renversé* jusqu'aux fondements, elle en a *fait* sécher quelques-unes, elle en a *exterminé*; elle a *effacé* leur mémoire de. dessus la terre, tandis qu'elle a *conservé* et *exalté* celles qui l'avaient *servi*, qui ne l'avaient point *fui* et qui ne s'étaient point *laissé* enfler d'orgueil.—Les hommes ne se sont donc pas *douté* qu'ils auront pour héritage, les serpents, les bêtes et les vers ? — Avez-vous toujours *eu* pour les vieillards tous les égards que vous avez *dû !*

CXXXIX.—On n'est pas honnête homme quand on ne s'est pas *efforcé* de payer toutes les sommes qu'on a *dû.* — Les écoliers paresseux se sont toujours *imaginé* avoir *mérité* tous les prix.— Il y a encore une autre espèce de maladie bien fâcheuse que j'ai *vu* sous le soleil : ce sont des richesses, *conservé* avec soin, pour le tourment de ceux qui les possèdent. — Après les avoir *amassé*, avec inquiétude , ils les ont *vu* périr avec affliction. — Les fils qu'ils ont *vu* naître et qu'ils avaient *espéré* laisser riches après eux, furent *réduit* à la misère , comme le Seigneur le leur avait *annoncé* : eux-mêmes, *sorti nu* du sein de la terre, y sont *rentré nu.* Ils n'ont rien *emporté.*

CXL. — Toutes les choses que le Seigneur a *fait* sont bonnes et utiles en leur temps; mais les hommes, qui se sont toujours *ressemblé,* ne se sont *plu* à les contempler que pour satisfaire leur vaine curiosité, et non pour élever leur pensée vers Celui qui la leur a *donné;* et c'est pourquoi il a *livré* le monde à leurs vaines disputes, sans qu'ils aient jamais *pu* connaître parfaitement les ouvrages qu'il a *créé* dès le principe et qu'il conservera jusqu'à la fin. (1)--Avez-vous *reçu* les 500 kilogrammes de laine que nous avons *pesé*. (2) — Qui ne sait le prix d'une âme n'a qu'à considérer les souffrances et le sang qu'elle a *coûté*. — La réputation de conquérant se **paye** *cher :* peu d'hommes en voudraient, s'ils savaient tous les sacrifices qu'elle a *coûté*, tous les chagrins qu'elle a *valu* à ceux qui l'ont *mérité*. — Judas n'a pas *joui* des trente pièces d'argent que son crime lui avait *valu*.

CXLI.—Avez-vous reçu la soie que vous avez *commandé?* — Comme vous voilà maigre ! Oui, je suis loin de peser les 100 kilogrammes que j'ai *pesé* autrefois. — Les méchants se sont toujours *applaudi* des **maux** qu'ils ont *causé*. — Les acteurs que l'on a *applaudi* avaient *mérité* d'être *sifflé* pour avoir contribué à corrompre le peuple. — A quelles belles actions l'envie a-t-elle jamais *applaudi?* — Nous ne retrouverons jamais les instants qui nous ont *fui?* — La prière n'est notre ressource qu'après que toutes les autres nous ont *manqué*. (3) — Les chasseurs ont *tiré* des lièvres et les ont *manqué*. — Les folies qu'ils se sont *imaginé*, les tourmentent. (4)

CXL. — Toutes les années que vous avez *croupi* dans une honteuse insouciance ont été *perdu* pour vous.(5) —Vous n'avez pas *oublié* tous les soins que vous m'avez *coûté* depuis votre enfance. (6) — La France s'est toujours *relevé* des maux qu'elle a souffert.—Ces personnes s'étaient *persuadé* (7) que tout céderait devant elles.— David et Jonathas s'étaient *persuadé* de leur affection

---

1. Ecclésiaste. — 2. Accord avec Kg. — 3. Fénelon. — 4. Lemare. — 5. Bescher. — 6. Fénelon. — 7. Inv.

mutuelle. (1) — Saül et David s'étaient *assuré* qu'ils ne se nuiraient pas. (2) — Les juges se sont *assuré* que les accusés étaient coupables. — Dieu a *fait* notre âme à son image et l'a *rendu* capable de le connaître et de l'aimer. (3) — Notre ruine est moins profonde qu'on ne l'a *supposé*. — La France, telle que que nous l'avons *vu* (4) sous les Valois, était *ruiné* et *corrompu*. — Il a *épousé* une femme vertueuse, comme il l'a *désiré*. (5)

CXLIII.-Les fièvres qu'il y a *eu* ont été fort pernicieuses. — Saül, avec ses fils, est *mort* sur la montagne de Gelboë.-Duguay-Trouin est l'un des plus grands hommes de mer qu'ait *eu* la France. (6) — C'est un des plus célèbres médecins de Paris qui *m'a* guéri.-Il est certain que Condé était un des plus grands hommes de guerre qu'on eût *vu*. (7) — Le sac d'espèces que j'ai *compté* était *porté* à dos de mulet. (8) — Le peu de connaissances qui étaient *resté* chez les barbares fut *perpétué* dans les cloîtres. (9) Ne pas écrire correctement, c'est dévoiler le peu d'instruction qu'on a *reçu*. — Colbert fit réparer le peu de vaisseaux que Mazarin avait *laissé* pourrir dans les ports. (10) — Le glaive a *tué* bien des hommes, mais la langue en a *tué* bien plus. (11)

CXLIV.-L'usage des cloches est, chez les Chinois, de la plus haute antiquité; nous n'en avons *eu* en France qu'au sixième siècle de notre ère. (12) — Les Français prirent

---

1. Accord. — 2. Inv. — 3. Bossuet. — 4. Accord. — 5. Accord ou non suivant le sens. — 6. Voltaire, accord avec les hommes. — 7. Voltaire, accord avec les hommes. — 8. Bescher. — 9. Voltaire. — 10. Bescher. — 11. Voltaire. Il écrit *tué* au pluriel. — 12. Voltaire.

l'île de Corse sur les Anglais qui s'en étaient *emparé*. — Confucius a dit des hommes : J'en ai *vu* qui étaient peu propres aux sciences ; mais je n'en ai point *vu* qui fussent incapables de vertus. (1)

» Pendant ces derniers temps, combien en a-t-on *vu*
» Qui du soir au matin, sont pauvres *devenu* ? (2)
— Dans l'ardeur qui dévore les Croisés, leur imagination leur retrace ces ruisseaux argentés qu'ils ont *vu* couler au travers des gazons, ces sources qu'ils ont *vu* jaillir du sein d'un rocher et serpenter dans les prairies. (3) — Les lins que nous avons *vu* récolter, se transformeront en batiste. — Les mauvais rois étaient *puni* pour les maux qu'ils avaient *laissé* faire. (4) — Rappelez-vous, Athéniens, les humiliations qu'il vous en a *coûté* pour vous être *laissé* égarer par vos orateurs. (5)

CXLV. — Les Espagnols se sont *fait* tuer dans Saragosse ; ils ne se sont point *laissé* prendre. — La France a *payé* à la Prusse toutes les sommes qu'elle lui a *dù* : quand irons-nous les lui redemander ? — Il faut user sagement du peu de jours que la Providence nous a *donné* à vivre. — L'habitude qu'on s'est *fait* de médire, a beaucoup *nui*. — Les crimes que les ennemis ont *réussi* à commettre en France, ne resteront pas impunis. — Les erreurs qu'ont s'est *imaginé* de nous donner pour des vérités, n'en ont *imposé* à personne. — Ceux qui se sont *étudié* à fabriquer des calomnies nouvelles et se sont *avisé* de les débiter, ont été *maudit* de Dieu et des hommes. — Ne faites rien

---

1. Voltaire. — 2. La Fontaine. — 3. Jérusalem délivrée. — 4. Fénelon. — 5. Voltaire.

qui ne soit digne des maximes de vertu que j'ai *tâché* de vous inspirer. (1)

CXLVI. — Les mathématiques que je vous ai *engagé* à étudier sont fort utiles. — L'habitude que les Français avaient *pris* d'obéir sous Louis XIV, fit la sûreté du règne et la tranquillité publique. (2) — La plante *mis* en liberté, garde l'inclinaison qu'on l'a *forcé* à prendre.--Tous les événements se sont *succédé* autrement qu'on ne l'avait *espéré*. — Nos ennemis se sont *montré* plus rapaces et plus cruels qu'on ne l'aurait *cru*. — La vérité, je l'ai toujours *déclaré :* que veut-on de plus ? — O enfants, dit la Sagesse, je vous ai *appelé* et vous n'avez pas *voulu* m'écouter ; j'ai *tendu* la main, et il ne s'est *trouvé* personne qui m'ait *regardé*. (3)

CHAPITRE XVII.

Emploi des Modes et des Temps.

MODE AFFIRMATIF.

204.-Le *présent* s'emploie : 1º pour marquer qu'une action a lieu au moment de la parole : Il *fait* beau aujourd'hui ; 2º pour le *passé*, quand on veut donner à la phrase plus de vivacité, d'énergie : Turenne *meurt*, tout se *confond*, la fortune *chancelle*, la victoire se *lasse*, etc.; 3º pour un *futur* prochain : Je *pars* demain pour Paris ; 4º également pour un *futur*, après *si* : si cet élève *fait* son devoir, il aura des prix ; 5º pour

---

1. Fénelon. — 2. Voltaire. -- 3. Prov. de Salomon, I, 24.

exprimer une pensée vraie dans tous les temps : Les Anciens ne croyaient pas que la terre *tourne* autour du soleil.

L'Imparfait s'emploie: 1º pour un conditionnel, après *si :* Si tous les hommes *étaient* vertueux , ils seraient tous heureux ; 2º pour marquer une action habituelle : Turenne *pensait* qu'un habile capitaine *peut* bien être vaincu, mais qu'il ne lui est pas permis d'être surpris; 3º et , en général , pour exprimer qu'une action s'est passée en même temps qu'une autre : Toutes les créatures *étaient* saines quand Dieu les forma.

Le Passé défini s'emploie pour marquer une action passée dans un temps complétement écoulé : Je *visitai* l'an dernier, la semaine dernière, hier, la cathédrale de Tournai.

Le Passé indéfini marque un temps simplement passé : *J'ai visité* cette année , cette semaine, aujourd'hui, les musées de Lille. — *J'ai passé* par le champ du paresseux et je l'*ai trouvé* tout plein d'orties. — On l'emploie aussi pour un futur antérieur très-prochain : Encore un mot et *j'ai fini.*

Le Plus-que-parfait s'emploie : 1º pour un conditionnel passé, après *si :* Si Caïn même s'*était* repenti, Dieu lui aurait pardonné; 2º pour marquer une action passée plus ou moins longtemps avant une autre action également passée : *J'avais prévu* nos désastres avant qu'ils arrivassent.

Le Passé antérieur marque une action passée immédiatement avant une autre action passée : Quand *j'eus fini*, je partis. (1)

Le Futur s'emploie : 1º pour marquer une action à venir : Le Seigneur *frappera* d'indigence la maison de l'impie, mais il *bénira* la maison du juste ; (2) 2º pour un impératif : Tu *adoreras* le Seigneur ton Dieu et tu ne *serviras* que lui seul ; (3) 3º après un présent : Si je travaille, je *réussirai ;* ou après un passé défini quand l'action n'est pas accomplie : Vous m'avez écrit que vous *viendrez* demain.

Le Futur antérieur marque qu'une action doit avoir lieu avant une autre également à venir : Quand nous *serons* morts, Dieu nous jugera.

CXLVII. — Expliquer les exemples suivants :

Présent de l'affirmatif. — Les sages *reçoivent* avec joie les avis qu'on leur *donne*. (4) — La justice *élève* les nations et le péché *rend* les peuples misérables. (5)

Imparfait. — Toutes les créatures *étaient* saines dans leur origine ; il n'y *avait* en elles rien de contagieux ni de mortel. [Simultanéité, c'est-à-dire action passée en même temps qu'une autre]. (6)

Passé défini. — Jésus *naquit* pauvre, *vécut* persécuté et *mourut* sur la croix. [Actions complètement passées].

Passé indéfini. — *J'ai passé* par le champ du paresseux et *j'ai visité* la vigne de l'insensé ; *j'ai trouvé* que tout y était plein d'orties. [Action simplement passée].

---

(1) *J'avais fini* à huit heures, *j'eus fini* à huit heures. On dit cependant *j'eus* ou *j'avais fini* avant vous.

2. Prov. XXII, 10. — 3. Exode. — 4. Prov. II. — 5. Id. XV, 34. — 6. Sag. I, 14.

Plus-que-parfait. — *J'avais fini* mon devoir quand vous êtes arrivés. [Depuis quand? temps indéterminé].

Passé antérieur. — Quand *j'eus dîné*, je partis. *J'eus fini* ma tâche avant vous. [Action passée peu de temps avant une autre également passée].

Futur. — Le Seigneur *frappera* [demain ou plus tard] d'indigence la maison de l'impie, mais il *bénira* [idem] la maison du juste. [1] — Chassez le railleur et les disputes s'en *iront* avec lui. [2] — Celui qui aime les festins *sera* dans l'indigence ; celui qui aime le vin et la bonne chère, ne s'*enrichira* point. [3]

Futur passé ou antérieur. — Vous *aurez* terminé ce meuble avant dimanche. [Action à venir avant une autre également à venir].

MODE CONDITIONNEL.

205.—Le Conditionnel s'emploie : 1º pour l'affirmatif quand il y a un certain doute dans la pensée de celui qui parle : Ils nous *ont attendus* pour dîner [le fait est certain]; ils nous *auraient attendus* pour dîner (on nous l'a dit du moins); 2º après un passé : vous m'avez écrit, vous m'écriviez, vous m'écrivîtes que vous *viendriez* le lendemain.

Conditionnels passés. Les deux formes peuvent s'employer l'une pour l'autre. Caïn même et Judas *auraient* ou *eussent* été sauvés, s'ils s'*étaient* ou se *fussent* repentis. Il semble toutefois que la seconde forme présente l'action comme moins certaine et qu'elle s'emploie souvent par euphonie.

---

1. Prov. — 2. Id. XVII, 10. — 3. Id. XXI, 17.

FUTUR ou CONDITIONNEL. Nous *serions* bientôt des hommes parfaits, *si,* chaque année, nous *déracinions* seulement un vice. (1) — S'il fait beau, j'*irai* vous voir. Vous m'avez écrit que vous *viendrez* demain, je vous attends. Cependant, après le présent on emploie le futur ; on l'emploie aussi après le passé indéfini, si l'action n'est pas accompli : Vous m'avez écrit que vous *viendrez* le lendemain, je vous *attendrai.*

MODE IMPÉRATIF.

206.— L'IMPÉRATIF marque le commandement, le désir, la crainte, l'exhortation, la prière : *honore* ton père et ta mère ; *aie fini* ton devoir avant mon retour.

MODE SUBJONCTIF.

207.- Le SUBJONCTIF ne s'emploie que dans les propositions subordonnées, pour exprimer une action douteuse. Ex.: Vous avez un maître qui vous *instruira.* (2) Vous cherchez un maître qui vous *instruise.* (3) Nous allons dans un lieu où nous *serons* tranquilles. (4) Allons dans un lieu où nous *soyons* tranquilles. (5) Telle est la règle générale qu'il ne faut jamais perdre de vue. — Nous ajouterons quelques indications qui aideront à l'appliquer. 1o Tout verbe dépendant d'un autre verbe qui

---

(1) Imitation.
(2) On connaît le maître, on est certain qu'il instruira.
(3) On ne le connaît pas, donc on n'est pas certain qu'il instruira
(4) On connaît le lieu.
(5) On ne le connaît pas.

exprime une volonté (1) se met au subjonctif. (2) Ex.: Caligula *voulait* que les Romains lui *rendissent* les honneurs divins.

2º Tout verbe qui *exprime* une *croyance* ferme, ou tout au moins plus ferme que douteuse, veut le verbe qui en dépend à l'affirmatif. Au contraire, si un verbe exprime *l'ignorance, l'indécision, l'incertitude,* le verbe qui en dépend se met au subjonctif. Ex.: Il *est vrai* que les apôtres ne *craignaient* pas la mort et *opéraient* une multitude de prodiges qui attestaient la vérité de leur mission. — Anaximandre ne *croyait pas* que le soleil *fût* plus grand que le Péloponèse. — Homère semble *n'avoir pas ignoré* que la terre *est environnée* d'eau de toutes parts. — *Il est certain* que les Égyptiens et les Babyloniens *cultivèrent* la géométrie de bonne heure. — *Il est probable* que les enfants de Noé *conservèrent* une partie des arts cultivés avant le déluge. — Ne *savez-vous* pas que ceux qui *passent* le temps à boire se ruineront ? — Les Pharisiens *trouvaient mauvais* que J.-C.

---

(1) La volonté pour être exprimée fortement. Ex.: Je *veux, j'exige, j'ordonne, je commande, il faut,* il est *nécessaire, impossible, indispensable, je défends, je m'oppose, j'empêche, je défie, j'entends* et je *prétends,* (pour vouloir) ou faiblement : je *désire, je tolère, je trouve,* bon, bien, mauvais, ou il *est bon,* juste, convenable, *j'approuve, je permets, je consens, j'admets, j'autorise, je regrette, je me félicite, je m'applaudis, je me réjouis, je crains, il m'ennuie* que.....)

(2) La raison en est que l'accomplissement de nos volontés est toujours incertain.

mangeât avec les pêcheurs. — *Il est certain* que le bonheur *est* le but de la vie; *il n'est pas certain* que le bonheur *soit* le but de la vie; *est-il certain* que le bonheur *soit* le but de la vie? — *N'est-il pas certain* que le bonheur *est* le but de la vie? (1) — Il est juste que nous *aimions* nos parents, est-il juste, n'est-il pas juste, que nous les *aimions?*

Thémistocle *s'était aperçu* que les Athéniens *regrettaient* Aristide, qu'ils *craignaient* que le ressentiment de son exil ne le *portât* à se joindre aux barbares, et qu'il ne *ruinât* ainsi les affaires de la Grèce.

— *Il semble, on dirait, on croirait,* exprimant une véritable certitude, veulent le verbe qui suit à l'affirmatif. Toutefois si ce second verbe exprime une chose invraisemblable, on le met au subjonctif. (2)

Il *semble* que toutes les nations barbares *s'étaient liguées* ensemble, pour ravager ensemble toutes les provinces de leur voisinage. (3) — Il *semble qu'on ait* là rassemblé l'univers.

    » On *dirait* que le Ciel, qui se fond tout en eau,

    » *Veuille* inonder ces lieux d'un déluge nouveau. (4)

Ne *semble*-t-il pas qu'on *doit* demander au Ciel que les pasteurs *aient* la sagesse, et que les peuples *aient* la docilité? (5)

---

(1) La négation est le contraire de l'affirmation. Interroger avec une négation, c'est affirmer.

(2) Toutefois, si le 1er verbe exprimait une volonté, le second se mettrait toujours au subjonctif, parce que la négation ne détruit pas cette volonté.

3. Fléchier. — 4. Boileau. — 5. Fénelon.

Après il *semble,* sans complément de personne, on peut généralement employer le subjonctif. — Il *semble* que nous nous *croyions* immortels. — Il *semblait* que la sagesse *eût* ou *avait* déserté l'esprit de Salomon, et que toutes les passions mauvaises, dont il avait si éloquemment dépeint les funestes effets, s'y *fussent* ou s'y *étaient* donné rendez-vous.

Le verbe de la proposition subordonnée aux mots *le plus, le mieux, le moins, le premier, le second, le seul, peu,* se met au subjonctif, à moins que l'action ne soit donnée comme certaine.

Les Lacédémoniens firent présent à Thémistocle, du *plus beau* char qui fût dans la ville. — Le péché de l'idolâtrie n'est pas *le seul* contre lequel il *faut* combattre toute sa vie. — Le *meilleur* cortége qu'un prince *puisse* avoir est le cœur de ses sujets. — Les grands ont *peu* d'amis qui *soient* plus attachés à leur personne qu'à leur fortune.

3º On met encore le subjonctif après *afin que, à moins que, avant que, bien que, au cas que, en cas que, jusqu'à ce que, de crainte que, de peur que, posé que, pour que, pourvu que, quel que, quelque…que, quoi que, si… que, supposé que, sans que, soit que, lorsque, encore que, non que, si tant est que, non pas que, qui que.*

Si vous êtes diligent, votre maison sera comme une source abondante, *pourvu que* vous *joigniez* la piété au travail. [Prov.] — Les hommes qui vivent en société, sous *quelque* forme de gouvernement que ce *soit,* ont besoin d'être souvent *rappelés* à eux-mêmes. — [Il faut] que l'univers se *taise* et m'*écoute* parler.

4º *De façon que, de sorte que, de manière que, si ce n'est que, sinon que,* veulent le verbe qui suit à l'affirmatif, si le premier est au passé; à l'affirmatif ou au subjonctif, si le premier est au présent; et au subjonctif si le premier est au futur. Il est aisé d'en voir la raison. Il s'*est conduit* de manière qu'il *a obtenu* l'estime des honnêtes gens. — Il *se conduira* de manière qu'il *obtienne.....* *Conduisez-vous* de manière que vous *obteniez.....* Vous vous *conduisez* de manière que vous *obtiendrez.....*

Emploi des Temps du Subjonctif.

208.- Il est souvent bien difficile, dit M. Bescherelle, de savoir à quel temps du subjonctif il faut mettre le verbe de la proposition subordonnée. M. Guérard et, après lui, M. Larousse, conseillent d'employer le temps du subjonctif qui correspond à celui de l'affirmatif ou du conditionnel que l'on emploierait si le verbe était à ces modes. 1º Le *présent du subjonctif* correspond au présent et au futur de l'affirmatif. Ex.: Il n'*est* personne qui n'*ait* à souffrir dans sa vie. (Tout le monde *a* à souffrir). — Je ne *répondrai* jamais qu'un flatteur ne *vienne* à bout de m'arracher mon secret. (Il en *viendra* à bout).

2º *L'imparfait du subjonctif* correspond à l'imparfait de l'affirmatif, au passé défini et au conditionnel simple. — Xerxès commanda qu'on *donnât* (*donnerait*) trois cents coups de fouet à l'Hellespont. — On lisait aux rois de Perse les actions des grands princes, afin qu'ils *gouvernassent* l'État par leurs maximes. (Ils *devaient* gouverner). — Il faudrait que tous les hommes qui aiment les louanges, s'*efforçassent* au moins de les mériter. *(Ils devraient s'efforcer)*.

3º Le *passé du subjonctif* correspond au passé indéfini et au futur antérieur. Ex.: Il est fort douteux, quoi qu'on en *ait dit,* (on *a dit* qu'ils *l'avaient fait)* que les Phéniciens *aient fait* le tour de l'Afrique *(*ils ne *l'ont* pas *fait)*. -- Je doute, je douterai que vous m'*ayez écouté* (vous ne m'*avez* point *écouté)*.

4º Le *plus-que-parfait* du subjonctif répond au passé antérieur, au plus-que-parfait de l'affirmatif et aux passés du conditionnel. Ex.: Les Anciens voulaient que Minerve *fût sortie* tout armée du cerveau de Jupiter *(était sortie)* -- Il vaudrait mieux qu'on *eût rencontré (aurait)* une ourse à laquelle on aurait ravi ses petits, qu'un insensé qui se fie en sa folie.

Exercices sur l'emploi du Temps.

CXLVIII. — (Dire pourquoi chaque verbe est à tel mode et à tel temps).

L'homme sage *est* vaillant; l'homme habile *est* fort et résolu. (1) — Qu'un autre vous *loue* et non votre bouche. (2) — Tout *succède* mal à l'enfant qui n'*est* point sincère. — L'Esprit-Saint nous *apprend* que la parole douce *rompt* la colère tandis que la parole dure *excite* la fureur. (3) — Insensé celui qui *répond* avant d'avoir écouté. (4) — Celui qui *est* mou et lâche dans son ouvrage, est frère de celui qui *dissipe* ce qu'il *possède :* l'un et l'autre *tomberont* dans la misère, quelle

---

(1) Prov. XXIV, 5. — (2) Id. XXVII, 2. — (3) Id. XV, 1. — (4) Id. XVIII, 13.

que *soit* leur fortune, quelques grands biens que leur *aient* laissés leurs parents. — Malheur à celui qui *ferme* l'oreille au cri du pauvre ! Si élevé qu'il *soit*, il faut qu'il *tombe* dans la misère. — Saint Louis *avait ordonné* que tout blasphémateur *eût* la langue percée d'un fer rouge. — L'empereur Théodose *condamnait* à mort tout délateur, quel qu'il *fût*, qui l'*était* pour la troisième fois, bien que ses délations n'*eussent* pas été trouvées fausses. — Le tigre est peut-être le seul animal dont on ne *puisse* fléchir le naturel. — L'égoïste *voudrait* que tout ce qui est bon lui *appartînt*. — L'intérieur de la terre étant rempli de feu, il fallait nécessairement qu'il y *eût* des volcans qui *permissent* aux vapeurs de s'échapper, afin qu'elles n'*ébranlassent* pas la terre sans relâche.

CXLIX. — Mettre au subjonctif les verbes soulignés.

Dieu a condamné nos corps à la mort avant que nous *naître*. — Le fameux colosse de Rhodes était une statue du soleil, assez élevée pour que les vaisseaux *passer* dessous ; il y avait peu d'hommes qui *pouvoir* embrasser son pouce. — Il serait à souhaiter que les mouvements de la colère ne *pouvoir* nuire qu'une fois, comme l'aiguillon des abeilles qui se rompt à la première blessure. — Il n'y a point d'oracles qui n'*avoir* trompé ceux qui les ont consultés. — Le riche et le pauvre se sont rencontrés ; le Seigneur les a créés l'un et l'autre et les a placés dans le monde pour qu'ils se *secourir* mutuellement. — Ne vous liez point d'amitié avec un homme colère, de peur que ses colères ne vous *perdre*.

CL. — Craignez qu'on ne vous *voir* dans les festins de ceux qui aiment à boire. — Si le sage dispute avec l'insensé, soit qu'il se *fâcher* ou qu'il *rire,* il n'aura point de repos. — Avez-vous vu un homme prompt à parler? Attendez plutôt de lui des folies que non pas qu'il se *corriger.* — Éloignez de moi, Seigneur, la vanité et le mensonge; ne me donnez ni la pauvreté ni les richesses; donnez-moi seulement ce qui m'est nécessaire pour vivre, de peur qu'étant rassasié, je ne *être* tenté de dire : qui est le Seigneur pour que je *dépendre* de lui? Ou qu'étant contraint par la pauvreté, je ne *dérober* et ne *violer,* par un parjure, la loi du Seigneur (SALOMON.) — Il y a une race qui maudit son père et ne bénit point sa mère; que son œil *être* arraché par les corbeaux et qu'il *être* dévoré par les enfants de l'aigle.

De la Négation.

209.— *Point* nie plus fortement que *pas.* Je ne lis *point* signifie que je ne lis jamais. Je ne *lis pas* veut dire, je ne lis pas en ce moment.

210.— Le verbe de la proposition subordonnée à *empêcher, éviter, se garder, prendre garde, tarder à,* est généralement précédé de *ne.* Ex.: Lés enseignements de N.S. J.-C. n'ont pas *empéché* que Judas *ne* le trahît : gardons qu'on *n'ait* à nous faire un semblable reproche; évitons que le démon *ne* nous attire dans ses filets, et qu'il nous tarde, comme à Saint Paul, d'occuper la place que Dieu nous a préparée au Ciel.

211.— Après le verbe *défendre,* on ne met jamais la négation : on la met rarement après *avant que* et *sans que.* Au contraire, on la met après *que* employé pour *sans que.*

Ex. : Dieu *défend* que nous *parlions* mal des juges et que nous *maudissions* les princes du peuple. — Nous ne pouvons un moment arrêter les yeux sur la gloire des plus puissants princes que la mort *ne* s'y mêle aussitôt pour tout effacer. — Loth sortit de Sodome *avant que* la vengeance divine *s'exécutât* et *sans que* les habitants *soupçonnassent* le sort qui lesattendait.

212.— Le verbe de la proposition subordonnée à *plus, mieux, moins, autre, autrement, meilleur, craindre, appréhender, avoir peur, trembler, redouter, à moins que, de peur que, de crainte que*, prend la négation quand le verbe de la proposition principale est affirmatif, et il ne la prend pas si ce premier verbe est négatif ou interrogatif. Ex. : Quand on a fait *plus* qu'on *n'*est obligé de faire, aisément on passe jusqu'à se croire dispensé des règles communes pour les choses d'obligation. (1) — Les Phéniciens cachaient le secret de leurs longs voyages maritimes, *de peur qu'*on *n'en partageât* le profit.

213. — Après *craindre, appréhender, avoir peur, trembler*, on met *ne pas* au lieu de *ne*, quand on souhaite l'accomplissement de l'action marquée par le verbe. Ex.: Blanche de Castille craignait que son fils *n'*offensât Dieu et *ne* gagnât *pas* le Ciel.

214. — Le verbe de la proposition subordonnée aux verbes *nier, désespérer, disconvenir, douter, contester*,

______

(1) Fénelon.

désavouer, il *s'en faut peu*, il *tient à*, il *dépend de*, se *dissimuler* (et non dissimuler) prend la négation si les verbes sont eux-mêmes négatifs ou interrogatifs, et ne la prend pas dans le cas contraire. Ex.: Il *ne* tint pas au ressentiment d'Aman, que Mardochée *ne* pérît avec toute sa nation. — On *ne* peut nier que pour leur temps, les Alcuin, les Gerbert, les Roger Bacon *ne* fussent très instruits. — Quelqu'un a-t-il jamais douté sérieusement qu'il y *a* un Dieu?

Après *il s'en faut bien, il s'en faut de beaucoup, tant s'en faut,* on n'emploie pas la négation. Ex.: *Il s'en faut bien* que les riches *soient* toujours heureux.

215.-Enfin on emploie *ne* devant *que, guère, jamais, nul, nullement, aucun, aucunement, pas, point.* Ex.: On *n'est* jamais content de sa fortune ni mécontent de son esprit. — Quand on doute s'il faut ou non la négation, on tourne la phrase par le pluriel. On *n'est* jamais content. Nous *ne* sommes jamais contents.

Justifier l'emploi ou la suppression de la négation.

CLI.-Nous nous peignons souvent les autres tout autres qu'ils ... sont — Il faut souvent moins de courage pour se corriger de ses défauts, qu'il ... en faut pour les avouer. — Il est aussi facile de se tromper soi-même qu'il ... est difficile de tromper les autres sans qu'ils ... s'en aperçoivent. — Les naturalistes doutent-ils que les poissons ... entendent, quoiqu'ils ... aient remarqué chez ces animaux aucun organe propre à percevoir le son? — L'ambitieux est moins flatté de ses succès qu'il ... est fâché de ceux des autres. — Combien d'hommes

... a-t-on pas vus faire échouer des entreprises glorieuses à la patrie, de peur que l'éclat ... en rejaillît
sur leurs rivaux ? — Les paresseux ... posséderont rien,
ni dans ce monde, ni dans l'antre. — Quand on ... a ni
argent, ni science, ni vertu, on ... est guère estimé. —
Il ne s'en fallut guère que Joseph ... pérît de la main
de ses frères. — Les hypocrites pensent autrement
qu'ils ... parlent. — Qui doute que vous ... soyez heureux, si vous êtes diligent et vertueux ? — Nul ... peut
corriger celui qui le méprise.

TABLE DES MATIÈRES.

FIN DE LA TABLE.

1° La face des forts qui [illegible]
les paresseux [illegible]

2° Celui qui est mort [illegible]
celui qui dissipe [illegible]
dans la misère.

3° Si vous êtes diligent, [illegible]
abondante, pourvu que [illegible]

4° Celui qui aime les femmes [illegible]
aime le vin et la bonne chère [illegible]

5° Le Seigneur frappera d'indig[illegible]
il bénira la maison du juste.

6° Chassez le railleur et les disp[illegible]

7° Il est triste mais nécessaire de [illegible]
par instants, parce que ces instants [illegible]
les germes de son bonheur à venir.

8° La correction donne la sagesse [illegible]
son fils; l'enfant abandonné à [illegible]
de confusion.

9° On ferait plutôt, dit l'Écriture, [illegible]
ou perdre à un léopard les taches de [illegible]
ner au bien celui qu'on aurait accou[illegible]

10° Il n'y a que la mère qui [illegible]
craindre Dieu et à n'avoir pas [illegible]

11° Il n'y a point de droit contre Dieu [illegible]

www.ingramcontent.com/pod-product-compliance
Ingram Content Group UK Ltd.
Pitfield, Milton Keynes, MK11 3LW, UK
UKHW021906070726
13613UKWH00001B/363